Das Buch

Natürlich lieben wir all
Fell unseres Hundes z
meinem Schoß sitzt. I
zuzusehen, die in der
füttern. Sogar das kleine Nilpferd, das wir in unserer Badewanne halten, ist mir ans Herz gewachsen...« Unsere
deformierte Gefühlswelt, den geschäftigen Kulturbetrieb,
den Talmiglanz und die Mißbildungen unserer Gesellschaft attackiert Heinrich Böll auf ebenso mitfühlende wie
zutreffende Weise. Sein tiefgreifender Humanismus ver-
schließt sich aber nie vor der Bedrängtheit anderer Exi-
stenzen, vor der Qual des Erwachsenwerdens zum Beispiel in der Geschichte vom ›Tal der donnernden Hufe‹.
Der Band enthält dreizehn der zwischen 1954 und 1957
veröffentlichten Erzählungen Heinrich Bölls.

Der Autor

Heinrich Böll, geboren am 21. Dezember 1917 in Köln,
war nach dem Abitur Lehrling im Buchhandel. Danach
Studium der Germanistik. Im Krieg sechs Jahre Soldat.
Seit 1947 veröffentlichte er Erzählungen, Romane, Hör-
und Fernsehspiele, Theaterstücke, Essays und war auch als
Übersetzer aus dem Englischen tätig. 1972 erhielt Heinrich Böll den Nobelpreis für Literatur. Er starb am 16. Juli
1985 in Langenbroich/Eifel.

... für die Tiere. Ich liebe es, abends das
... zu kraulen, während die Katze auf
... Es macht mir Spaß, den Kindern
... Wohnungsstrecke die Schildkröte

Heinrich Böll:
Unberechenbare Gäste
Erzählungen

Deutscher
Taschenbuch
Verlag

Sämtliche von Heinrich Böll im Deutschen Taschenbuch Verlag
erschienenen Werke sind auf Seite 170f. aufgeführt.

November 1992
Deutscher Taschenbuch Verlag GmbH & Co. KG,
München
© 1977, 1987 Verlag Kiepenheuer & Witsch, Köln
Umschlaggestaltung: Celestino Piatti
Satz: IBV Satz- und Datentechnik GmbH, Berlin
Druck und Bindung: C. H. Beck'sche Buchdruckerei,
Nördlingen
Printed in Germany · ISBN 3-423-11592-0

Inhalt

Ich habe nichts gegen Tiere, im Gegenteil: Ich mag sie, und ich liebe es, abends das Fell unseres Hundes zu kraulen, während die Katze auf meinem Schoß sitzt. Es macht mir Spaß, den Kindern zuzusehen, die in der Wohnzimmerecke die Schildkröte füttern. Sogar das kleine Nilpferd, das wir in unserer Badewanne halten, ist mir ans Herz gewachsen, und die Kaninchen, die in unserer Wohnung frei herumlaufen, regen mich schon lange nicht mehr auf. Außerdem bin ich gewohnt, abends unerwarteten Besuch vorzufinden: ein piepsendes Küken oder einen herrenlosen Hund, dem meine Frau Unterkunft gewährt hat. Denn meine Frau ist eine gute Frau, sie weist niemanden von der Tür, weder Mensch noch Tier, und schon lange ist dem Abendgebet unserer Kinder die Floskel angehängt: Herr, schicke uns Bettler und Tiere.

Schlimmer ist schon, daß meine Frau auch Vertretern und Hausierern gegenüber keinen Widerstand kennt, und so häufen sich bei uns Dinge, die ich für überflüssig halte: Seife, Rasierklingen, Bürsten und Stopfwolle, und in Schubladen liegen Dokumente herum, die mich beunruhigen: Versicherungs- und Kaufverträge verschiedener Art. Meine Söhne sind in einer Ausbildungs-, meine Töchter in einer Aussteuerversicherung, doch können wir sie bis zur Hochzeit oder bis zur Ablegung des zweiten Staatsexamens weder mit Stopfwolle noch mit Seife füttern, und selbst Rasierklingen sind nur in Ausnahmefällen dem menschlichen Organismus zuträglich.

So wird man begreifen, daß ich hin und wieder Anfälle leichter Ungeduld zeige, obwohl ich im allgemeinen als ruhiger Mensch bekannt bin. Oft ertappe ich mich dabei, daß ich neidisch die Kaninchen betrachte, die es sich unter dem Tisch gemütlich machen und seelenruhig an Mohrrüben herumknabbern, und der stupide Blick des Nilpferds, das in unserer Badewanne die Schlammbildung beschleunigt, veranlaßt mich, ihm manchmal die Zunge herauszustrecken. Auch die Schildkröte, die stoisch an Salatblättern herumfrißt, ahnt nicht im geringsten, welche Sorgen mein Herz bewegen: die Sehnsucht nach einem frisch duftenden Kaffee, nach Tabak, Brot und Eiern und der wohligen Wärme, die der Schnaps in den Kehlen sorgenbeladener Menschen hervorruft. Mein einziger Trost ist dann Bello, unser Hund, der vor Hunger gähnt wie ich. Kommen dann noch unerwartete Gäste: Zeitgenossen, die unrasiert sind wie ich, oder Mütter mit Babies, die mit heißer Milch getränkt, mit aufgeweichtem Zwieback gespeist werden, so muß ich an mich halten, um meine Ruhe zu bewahren. Aber ich bewahre sie, weil sie fast mein einziger Besitz geblieben ist.

Es kommen Tage, wo der bloße Anblick frischgekochter, gelber Kartoffeln mir das Wasser in den Mund treibt; denn schon lange – dies gebe ich nur zögernd und mit heftigem Erröten zu –, schon lange verdient unsere Küche die Bezeichnung bürgerlich nicht mehr. Von Tieren und von menschlichen Gästen umgeben, nehmen wir nur hin und wieder, stehend, eine improvisierte Mahlzeit ein.

Zum Glück ist meiner Frau nun für längere Zeit der Ankauf von unnützen Dingen unmöglich gemacht, denn wir besitzen kein Bargeld mehr, meine Gehälter sind auf unbestimmte Zeit gepfändet, und ich selbst bin gezwungen, in einer Verkleidung, die mich unkenntlich macht, in fernen Vororten Rasierklingen, Seife und Knöpfe in den Abendstunden weit unter Preis zu verkaufen; denn unsere Lage ist bedenklich geworden. Immerhin besitzen wir einige Zentner Seife, Tausende von Rasierklingen, Knöpfe jeglichen Sortiments, und ich taumele gegen Mitternacht heim, suche Geld aus meinen Taschen zusammen: Meine Kinder, meine Tiere, meine Frau umstehen mich mit glänzenden Augen, denn ich habe meistens unterwegs eingekauft: Brot, Äpfel, Fett, Kaffee und Kartoffeln, eine Speise übrigens, nach der Kinder wie Tiere heftig verlangen, und zu nächtlicher Stunde vereinigen wir uns in einem fröhlichen Mahl: Zufriedene Tiere, zufriedene Kinder umgeben mich, meine Frau lächelt mir zu, und wir lassen die Tür unseres Wohnzimmers dann offenstehen, damit das Nilpferd sich nicht ausgeschlossen fühlt, und sein fröhliches Grunzen tönt aus dem Badezimmer zu uns herüber. Meistens gesteht mir dann meine Frau, daß sie in der Vorratskammer noch einen zusätzlichen Gast versteckt hält, den man mir erst zeigt, wenn meine Nerven durch eine Mahlzeit gestärkt sind: Schüchterne, unrasierte Männer nehmen dann händereibend am Tisch Platz, Frauen drücken sich zwischen unsere Kinder auf die Sitzbank, Milch wird für schreiende Babies erhitzt. Auf diese Weise lerne ich dann auch Tiere kennen, die mir ungeläufig waren: Möwen, Füchse und Schweine, nur einmal war es ein kleines Dromedar.

»Ist es nicht süß?« fragte meine Frau, und ich sagte notgedrungen, ja, es sei süß, und beobachtete beunruhigt das unermüdliche Mampfen dieses pantoffelfarbenen Tieres, das uns aus schiefergrauen Augen anblickte. Zum Glück blieb das Dromedar nur eine Woche, und meine Geschäfte gingen gut: Die Qualität meiner Ware, meine herabgesetzten Preise hatten sich rundgesprochen, und ich konnte hin und wieder sogar Schnürsenkel verkaufen und Bürsten, Artikel, die sonst nicht sehr gefragt sind. So erlebten wir eine gewisse Scheinblüte, und meine Frau – in völliger Verkennung der ökonomischen Fakten – brachte einen Spruch auf, der mich beunruhigte: »Wir sind auf dem aufsteigenden Ast.« Ich jedoch sah unsere Seifenvorräte schwinden, die Rasierklingen abnehmen, und nicht einmal der Vorrat an Bürsten und Stopfwolle war mehr erheblich.

Gerade zu diesem Zeitpunkt, wo eine seelische Stärkung mir wohlgetan hätte, machte sich eines Abends, während wir friedlich beisammensaßen, eine Erschütterung unseres Hauses bemerkbar, die der eines mittleren Erdbebens glich: Die Bilder wackelten, der Tisch bebte, und ein Kranz gebratener Blutwurst rollte von meinem Teller. Ich wollte aufspringen, mich nach der Ursache umsehen, als ich unterdrücktes Lachen auf den Mienen meiner Kinder bemerkte. »Was geht hier vor sich?« schrie ich, und zum erstenmal in meinem abwechslungsreichen Leben war ich wirklich außer Fassung.

»Walter«, sagte meine Frau leise und legte die Gabel hin, »es ist ja nur Wollo.« Sie begann zu weinen, und gegen ihre Tränen bin ich machtlos; denn sie hat mir sieben Kinder geschenkt.

»Wer ist Wollo?« fragte ich müde, und in diesem Augenblick wurde das Haus wieder durch ein Beben erschüttert. »Wollo«, sagte meine jüngste Tochter, »ist der Elefant, den wir jetzt im Keller haben.«

Ich muß gestehen, daß ich verwirrt war, und man wird meine Verwirrung verstehen. Das größte Tier, das wir beherbergt hatten, war das Dromedar gewesen, und ich fand einen Elefanten zu groß für unsere Wohnung, denn wir sind der Segnungen des sozialen Wohnungsbaues noch nicht teilhaftig geworden.

Meine Frau und meine Kinder, nicht im geringsten so verwirrt wie ich, gaben Auskunft: Von einem bankerotten Zirkusunternehmer war das Tier bei uns sichergestellt worden. Die Rutsche hinunter, auf der wir sonst unsere Kohlen befördern, war es mühelos in den Keller gelangt. »Er rollte sich zusammen wie eine Kugel«, sagte mein ältester Sohn, »wirklich ein intelligentes Tier.« Ich zweifelte nicht daran, fand mich mit Wollos Anwesenheit ab und wurde unter Triumph in den Keller geleitet. Das Tier war nicht übermäßig groß, wackelte mit den Ohren und schien sich bei uns wohl zu fühlen, zumal ein Ballen Heu zu seiner Verfügung stand. »Ist er nicht süß?« fragte meine Frau, aber ich weigerte mich, das zu bejahen. Süß schien mir nicht die passende Vokabel zu sein. Überhaupt war die Familie offenbar enttäuscht über den geringen Grad meiner Begeisterung, und meine Frau sagte, als wir den Keller verließen: »Du bist gemein, willst du denn, daß er unter den Hammer kommt?«

»Was heißt hier Hammer«, sagte ich, »und was heißt gemein, es ist übrigens strafbar, Teile einer Konkursmasse zu verbergen.«

»Das ist mir gleich«, sagte meine Frau, »dem Tier darf nichts geschehen.«

Mitten in der Nacht weckte uns der Zirkusbesitzer, ein schüchterner dunkelhaariger Mann, und fragte, ob wir nicht noch Platz für ein Tier hätten. »Es ist meine ganze Habe, mein letzter Besitz. Nur für eine Nacht. Wie geht es übrigens dem Elefanten?«

»Gut«, sagte meine Frau, »nur seine Verdauung macht mir Kummer.«

»Das gibt sich«, sagte der Zirkusbesitzer. »Es ist nur die Umstellung. Die Tiere sind so sensibel. Wie ist es – nehmen Sie die Katze noch – für eine Nacht?« Er sah mich an, und meine Frau stieß mich in die Seite und sagte: »Sei doch nicht so hart.«

»Hart«, sagte ich, »nein, hart will ich nicht sein. Meinetwegen leg die Katze in die Küche.«

»Ich hab' sie draußen im Wagen«, sagte der Mann.

Ich überließ die Unterbringung der Katze meiner Frau und kroch ins Bett zurück. Meine Frau sah ein wenig blaß aus, als sie ins Bett kam, und ich hatte den Eindruck, sie zitterte ein wenig. »Ist dir kalt?« fragte ich.

»Ja«, sagte sie, »mich fröstelt's so komisch.«

»Das ist nur Müdigkeit.«

»Vielleicht ja«, sagte meine Frau, aber sie sah mich dabei so merkwürdig an. Wir schliefen ruhig, nur sah ich im Traum immer den merkwürdigen Blick meiner Frau auf mich gerichtet, und unter einem seltsamen Zwang erwachte ich früher als gewöhnlich. Ich beschloß, mich einmal zu rasieren.

Unter unserem Küchentisch lag ein mittelgroßer Löwe; er schlief ganz ruhig, nur sein Schwanz bewegte sich ein wenig, und es verursachte ein Geräusch, wie wenn jemand mit einem sehr leichten Ball spielt.

Ich seifte mich vorsichtig ein und versuchte, kein

Geräusch zu machen, aber als ich mein Gesicht nach rechts drehte, um meine linke Wange zu rasieren, sah ich, daß der Löwe die Augen offenhielt und mir zublickte. »Sie sehen tatsächlich wie Katzen aus«, dachte ich. Was der Löwe dachte, ist mir unbekannt; er beobachtete mich weiter, und ich rasierte mich, ohne mich zu schneiden, muß aber hinzufügen, daß es ein merkwürdiges Gefühl ist, sich in Gegenwart eines Löwen zu rasieren. Meine Erfahrungen im Umgang mit Raubtieren waren minimal, und ich beschränkte mich darauf, den Löwen scharf anzublicken, trocknete mich ab und ging ins Schlafzimmer zurück. Meine Frau war schon wach, sie wollte gerade etwas sagen, aber ich schnitt ihr das Wort ab und rief: »Wozu da noch sprechen!« Meine Frau fing an zu weinen, und ich legte meine Hand auf ihren Kopf und sagte: »Es ist immerhin ungewöhnlich, das wirst du zugeben.«

»Was ist nicht ungewöhnlich?« sagte meine Frau, und darauf wußte ich keine Antwort.

Inzwischen waren die Kaninchen erwacht, die Kinder lärmten im Badezimmer, das Nilpferd – es hieß Gottlieb – trompetete schon, Bello räkelte sich, nur die Schildkröte schlief noch – sie schläft übrigens fast immer.

Ich ließ die Kaninchen in die Küche, wo ihre Futterkiste unter dem Schrank steht: Die Kaninchen beschnupperten den Löwen, der Löwe die Kaninchen, und meine Kinder – unbefangen und den Umgang mit Tieren gewöhnt, wie sie sind – waren längst auch in die Küche gekommen. Mir schien fast, als lächle der Löwe; mein drittjüngster Sohn hatte sofort einen Namen für ihn: Bombilus. Dabei blieb es.

Einige Tage später wurden Elefant und Löwe abgeholt. Ich muß gestehen, daß ich den Elefanten ohne Bedauern schwinden sah; ich fand ihn albern, während der ruhige, freundliche Ernst des Löwen mein Herz gewonnen hatte, so daß Bombilus' Weggang mich schmerzte. Ich hatte mich so an ihn gewöhnt; er war eigentlich das erste Tier, das meine volle Sympathie genoß.

Daniel, der Gerechte

Solange es dunkel war, konnte die Frau, die neben ihm lag, sein Gesicht nicht sehen, und so war alles leichter zu ertragen. Sie redete seit einer Stunde auf ihn ein, und es war nicht anstrengend, immer wieder »ja« oder »ja natürlich« oder »ja, du hast recht« zu sagen. Es war seine Frau, die neben ihm lag, aber wenn er an sie dachte, dachte er immer: die Frau. Sie war sogar schön, und es gab Leute, die ihn um sie beneideten, und er hätte Grund zur Eifersucht gehabt – aber er war nicht eifersüchtig; er war froh, daß die Dunkelheit ihm den Anblick ihres Gesichtes verbarg und es ihm erlaubte, sein Gesicht entspannt zu lassen; es gab nichts Anstrengenderes, als den ganzen Tag, solange Licht war, ein Gesicht aufzusetzen, und das Gesicht, das er am Tage zeigte, war ein aufgesetztes Gesicht.

»Wenn Uli nicht durchkommt«, sagte sie, »gibt's eine Katastrophe. Marie würde es nicht ertragen, du weißt ja, was sie alles durchgemacht hat. Nicht wahr?«

»Ja, natürlich«, sagte er, »ich weiß es.«

»Sie hat trockenes Brot essen müssen, sie hat – es ist eigentlich unverständlich, wie sie es hat ertragen können –, sie hat wochenlang in Betten gelegen, die nicht bezogen waren, und als sie Uli bekam, war Erich noch als vermißt gemeldet. Wenn das Kind die Aufnahmeprüfung nicht besteht: ich weiß nicht, was passiert. Hab' ich recht?«

»Ja, du hast recht«, sagte er.

»Sieh zu, daß du den Jungen siehst, bevor er die Klasse betritt, in der die Prüfung stattfindet – sag ihm ein paar nette Worte. Du wirst tun, was du kannst, wie?«

»Ja«, sagte er.

An einem Frühlingstag vor dreißig Jahren war er selbst in die Stadt gekommen, um die Aufnahmeprüfung zu machen: Rot war an diesem Abend das Sonnenlicht über die Straße gefallen, in der seine Tante wohnte, und dem

Elfjährigen schien es, als kippe jemand Glut über die Dächer hin, und in Hunderten von Fenstern lag dieses Rot wie glühendes Metall.

Später, als sie beim Essen saßen, lag grünliche Dunkelheit in den Fensterhöhlen, für die halbe Stunde, in der die Frauen zögern, Licht anzuknipsen. Auch die Tante zögerte, und als sie am Schalter drehte, schien es, als habe sie das Signal für viele Hundert Frauen gegeben: Aus allen Fenstern stach plötzlich das gelbe Licht in die grüne Dunkelheit; wie harte Früchte mit langen gelben Stacheln hingen die Lichter in der Nacht.

»Wirst du es schaffen?« fragte die Tante, und der Onkel, der mit der Zeitung in der Hand am Fenster saß, schüttelte den Kopf, als halte er diese Frage für beleidigend.

Dann machte die Tante sein Bett auf der Küchenbank zurecht, eine Steppdecke war die Unterlage, der Onkel gab sein Oberbett, die Tante ein Kopfkissen her. »Bald wirst du ja dein eigenes Bettzeug hierhaben«, sagte die Tante, »und nun schlaf gut. Gute Nacht.«

»Gute Nacht«, sagte er, und die Tante löschte das Licht und ging ins Schlafzimmer.

Der Onkel blieb und versuchte so zu tun, als suche er etwas; über das Gesicht des Jungen hinweg tasteten seine Hände zur Fensterbank hin, und die Hände, die nach Beize und Schellack rochen, kamen von der Fensterbank zurück und tasteten wieder über sein Gesicht; bleiern lag die Schüchternheit des Onkels in der Luft, und ohne gesagt zu haben, was er sagen wollte, verschwand er im Schlafzimmer.

»Ich werde es schaffen«, dachte der Junge, als er allein war, und er sah die Mutter vor sich, die jetzt zu Hause strickend am Herd saß, hin und wieder die Hände in den Schoß sinken ließ und ein Stoßgebet ausatmete zu einem der Heiligen hin, die sie verehrte: Judas Thaddäus – oder war für ihn, den Bauernjungen, der in die Stadt aufs Gymnasium sollte, Don Bosco zuständig?

»Es gibt Dinge, die einfach nicht geschehen dürfen«,

sagte die Frau neben ihm, und da sie auf Antwort zu warten schien, sagte er müde »ja« und stellte verzweifelt fest, daß es dämmerte; der Tag kam und brachte ihm die schwerste aller Pflichten: sein Gesicht aufzusetzen.

»Nein«, dachte es, »es geschehen genug Dinge, die nicht geschehen dürfen.« Damals, im Dunkeln auf der Küchenbank, vor dreißig Jahren, war er so zuversichtlich gewesen: Er dachte an die Rechenaufgabe, dachte an den Aufsatz, und er war sicher, daß alles gut werden würde. Sicher würde das Aufsatzthema heißen: »Ein merkwürdiges Erlebnis«, und er wußte genau, was er beschreiben würde: den Besuch in der Anstalt, wo Onkel Thomas untergebracht war: grünweiß gestreifte Stühle im Sprechzimmer, und der Onkel Thomas, der – was man auch immer zu ihm sagte – nur den einen Satz sprach: »Wenn es nur Gerechtigkeit auf dieser Welt gäbe.«

»Ich habe dir einen schönen roten Pullover gestrickt«, sagte seine Mutter, »du mochtest doch rote Sachen immer so gern.«

»Wenn es nur Gerechtigkeit auf dieser Welt gäbe.«

Sie sprachen übers Wetter, über Kühe und ein wenig über Politik, und immer sagte Thomas nur den einen Satz: »Wenn es nur Gerechtigkeit auf dieser Welt gäbe.«

Und später, als sie durch den grüngetünchten Flur zurückgingen, sah er am Fenster einen schmalen Mann mit hängenden Schultern, der stumm in den Garten hinausblickte.

Kurz bevor sie die Pforte passierten, kam ein sehr freundlicher, liebenswürdig lächelnder Mann auf sie zu und sagte: »Madame, bitte vergessen Sie nicht, mich mit Majestät anzureden«, und die Mutter sagte leise zu dem Mann: »Majestät.« Und als sie an der Straßenbahnstation standen, hatte er noch einmal zu dem grünen Haus, das zwischen den Bäumen verborgen lag, hingeblickt, den Mann mit den hängenden Schultern am Fenster gesehen, und ein Lachen klang durch den Garten hin, als zerschneide jemand Blech mit einer dumpfen Schere.

»Dein Kaffee wird kalt«, sagte die Frau, die seine Frau war, »und iß doch wenigstens eine Kleinigkeit.«

Er nahm die Kaffeetasse an den Mund und aß eine Kleinigkeit.

»Ich weiß«, sagte die Frau und legte ihre Hand auf seine Schulter, »ich weiß, daß du wieder über deine Gerechtigkeit nachgrübelst, aber kann es ungerecht sein, einem Kind ein wenig zu helfen? Du magst doch Uli?«

»Ja«, sagte er, und dieses Ja war aufrichtig: Er mochte Uli; der Junge war zart, freundlich und auf seine Weise intelligent, aber es würde eine Qual für ihn sein, das Gymnasium zu besuchen: Mit vielen Nachhilfestunden, angefeuert von einer ehrgeizigen Mutter, unter großen Anstrengungen und mit viel Fürsprache würde er immer nur ein mittelmäßiger Schüler sein. Er würde immer die Last eines Lebens, eines Anspruchs tragen müssen, der ihm nicht gemäß war.

»Du versprichst mir, etwas für Uli zu tun, nicht wahr?«

»Ja«, sagte er, »ich werde etwas für ihn tun«, und er küßte das schöne Gesicht seiner Frau und verließ das Haus. Er ging langsam, steckte sich eine Zigarette in den Mund, ließ das aufgesetzte Gesicht fallen und genoß die Entspannung, sein eigenes Gesicht auf der Haut zu spüren. Er betrachtete es im Schaufenster eines Pelzladens; zwischen einem grauen Seehundfell und einer gefleckten Tigerhaut sah er sein Gesicht auf dem schwarzen Samt, mit dem die Auslage verkleidet war: das blasse, ein wenig gedunsene Gesicht eines Mannes um die Mitte Vierzig – das Gesicht eines Skeptikers, eine Zynikers vielleicht; weißlich kräuselte sich der Zigarettenqualm um das blasse gedunsene Gesicht herum. Alfred, sein Freund, der vor einem Jahr gestorben war, hatte immer gesagt: »Du bist nie über einige Ressentiments hinweggekommen – und alles, was du tust, ist zu sehr von Emotion bestimmt.«

Alfred hatte das Beste gemeint, er hatte sogar etwas Richtiges sagen wollen, aber mit Worten konnte man einen Menschen nie fassen, und für ihn stand fest, daß Ressentiment eines der billigsten, eines der bequemsten Worte war.

Damals, vor dreißig Jahren, auf der Bank in der Küche der Tante, hatte er gedacht: Einen solchen Aufsatz wird keiner schreiben; ein so merkwürdiges Erlebnis hat bestimmt keiner gehabt, und bevor er einschlief, dachte er andere Dinge: Auf dieser Bank würde er neun Jahre lang schlafen, auf diesem Tisch seine Schulaufgaben machen, neun Jahre lang, und diese Ewigkeit hindurch würde die Mutter zu Hause am Herd sitzen, stricken und Stoßgebete ausatmen. Im Zimmer nebenan hörte er Onkel und Tante miteinander sprechen, und aus dem Gemurmel wurde nur ein Wort deutlich, sein Name: Daniel. Sie sprachen also über ihn, und obwohl er sie nicht verstand, wußte er, daß sie gut über ihn sprachen. Sie mochten ihn, sie selbst hatten keine Kinder. Und dann befiel ihn plötzlich Angst: In zwei Jahren schon, dachte er beklommen, wird diese Bank zu kurz für mich – wo werde ich dann schlafen? Für einige Minuten beunruhigte ihn diese Vorstellung sehr, dann aber dachte er: Zwei Jahre, wie unendlich viel Zeit ist das; viel Dunkelheit, die sich Tag um Tag erhellen würde, und er fiel ganz plötzlich in das Stückchen Dunkelheit, das vor ihm lag: die Nacht vor der Prüfung, und im Traum verfolgte ihn das Bild, das zwischen Büfett und Fenster an der Wand hing: Männer mit grimmigen Gesichtern standen vor einem Fabriktor, und einer hielt eine ausgefranste rote Fahne in der Hand, und im Traum las das Kind deutlich, was es im Halbdunkel nur langsam hatte entziffern können: STREIK.

Er trennte sich von seinem Gesicht, das blaß und eindringlich zwischen dem Seehundfell und der gefleckten Tigerhaut im Schaufenster hing, wie mit Silberstift auf schwarzes Tuch gezeichnet; er trennte sich zögernd, denn er sah das Kind, das er einmal gewesen war, hinter diesem Gesicht.

»Streik«, hatte dreizehn Jahre später der Schulrat zu ihm gesagt; »Streik, halten Sie das für ein Aufsatzthema, das man Primanern geben sollte?« Er hatte das Thema nicht gegeben, und das Bild hing damals, 1934, längst nicht mehr an der Wand in der Küche des Onkels. Es blieb noch die Möglichkeit, Onkel Thomas in der Anstalt zu besuchen, auf einem der grüngestreiften Stühle zu sitzen, Zigaretten zu rauchen und Thomas zuzuhören, der auf eine Litanei zu antworten schien, die nur er allein hörte: Lauschend saß Thomas da – aber er lauschte nicht auf das, was die Besucher ihm erzählten –, er lauschte dem Klagegesang eines verborgenen Chores, der in den Kulissen dieser Welt versteckt eine Litanei herunterbetete, auf die es nur eine Antwort gab, Thomas' Antwort: »Wenn es nur Gerechtigkeit auf dieser Welt gäbe.«

Der Mann, der, immer am Fenster stehend, in den Garten blickte, hatte sich eines Tages – so mager war er geworden – durch das Gitter zwängen und in den Garten stürzen können: Sein blechernes Lachen war über ihm selbst zusammengestürzt. Aber die Majestät lebte noch, und Heemke hatte nie versäumt, auf ihn zuzugehen und ihm lächelnd zuzuflüstern: »Majestät.«

»Diese Typen werden steinalt«, sagte der Wärter zu ihm, »den schmeißt so leicht nichts um.«

Aber sieben Jahre später lebte die Majestät nicht mehr, und auch Thomas war tot: Sie waren ermordet worden, und der Chor, der in den Kulissen der Welt versteckt seine Litanei herunterbetete, dieser Chor wartete vergebens auf die Antwort, die nur Thomas ihm geben konnte.

Heemke betrat die Straße, in der die Schule lag, und erschrak, als er die vielen Prüflinge sah: Mit Müttern, mit Vätern standen sie herum, und sie alle umgab jene unechte, aufgeregte Heiterkeit, die vor Prüfungen wie eine Krankheit über die Menschen fällt: Verzweifelte Heiterkeit lag wie Schminke auf den Gesichtern der Mütter, verzweifelte Gleichgültigkeit auf denen der Väter.

Ihm aber fiel ein Junge auf, der allein abseits auf der Schwelle eines zerstörten Hauses saß. Heemke blieb stehen und spürte, daß Schrecken in ihm hochstieg wie

Feuchtigkeit in einem Schwamm: Vorsicht, dachte er, wenn ich nicht achtgebe, werde ich eines Tages dort sitzen, wo Onkel Thomas saß, und vielleicht werde ich denselben Spruch sagen. Das Kind, das auf der Türschwelle saß, glich ihm selbst, wie er sich dreißig Jahre jünger in Erinnerung hatte, so sehr, daß es ihm schien, als fielen die dreißig Jahre von ihm ab wie Staub, den man von einer Statue herunterpustet.

Lärm, Lachen – die Sonne schien auf feuchte Dächer, von denen der Schnee weggeschmolzen war, und nur in den Schatten der Ruinen hatte sich der Schnee gehalten.

Der Onkel hatte ihn damals viel zu früh hierhergebracht; sie waren mit der Straßenbahn über die Brücke gefahren, hatten kein Wort miteinander gesprochen, und während er auf die schwarzen Strümpfe des Jungen blickte, dachte er: Schüchternheit ist eine Krankheit, die man heilen sollte, wie man Keuchhusten heilt. Die Schüchternheit des Onkels damals, seine eigene dazu, hatte ihm die Luft abgeschnürt. Stumm, mit dem roten Schal um den Hals, die Kaffeeflasche in der rechten Rocktasche, so hatte der Onkel in der leeren Straße neben ihm gestanden, hatte plötzlich etwas von »Arbeit gehen« gemurmelt und war weggegangen, und er hatte sich auf eine Türschwelle gesetzt: Gemüsekarren rollten übers Pflaster, ein Bäckerjunge kam mit dem Brötchenkorb vorbei, und ein Mädchen ging mit einer Milchkanne von Haus zu Haus und hinterließ auf jeder Schwelle eine kleine bläuliche Milchspur – sehr vornehm waren ihm die Häuser vorgekommen, in denen keiner zu wohnen schien, und jetzt noch konnte er an den Ruinen die gelbe Farbe sehen, die ihm damals so vornehm vorgekommen war.

»Guten Morgen, Herr Direktor«, sagte jemand, der an ihm vorbeiging; er nickte flüchtig, und er wußte, daß der Kollege drinnen sagen würde: »Der Alte spinnt wieder.«

»Ich habe drei Möglichkeiten«, dachte er, »ich kann in das Kind fallen, das dort auf der Türschwelle sitzt, ich kann der Mann mit dem blassen gedunsenen Gesicht bleiben, und ich kann Onkel Thomas werden.« Die am wenigsten verlockende Möglichkeit war die, er selbst zu bleiben: die schwere Last, das aufgesetzte Gesicht zu tragen – nicht sehr verlockend war auch die, das Kind zu sein: Bücher, die er liebte, die er haßte, am Küchentisch verschlungen, gefressen hatte er sie, und es blieb jede Woche der Kampf ums Papier, um Kladden, die er mit Notizen, mit Berechnungen, mit Aufsatzproben füllte; jede Woche dreißig Pfennig, um die er kämpfen mußte, bis es dem Lehrer einfiel, aus uralten Schulheften, die im Keller der Schule lagen, ihn die leeren Seiten herausreißen zu lassen; aber er riß auch die heraus, die nur einseitig beschrieben waren, und nähte sie sich zu Hause mit schwarzem Zwirn zu dikken Heften zusammen – und jetzt schickte er jedes Jahr Blumen für das Grab des Lehrers ins Dorf.

»Niemand«, dachte er, »hat je erfahren, was es mich gekostet hat, kein Mensch, außer Alfred vielleicht, aber Alfred hatte nur ein sehr dummes Wort dazu gesagt, das Wort: Ressentiment. Es ist sinnlos, darüber zu sprechen, es irgend jemand zu erklären – am wenigsten würde die es verstehen, die mit ihrem schönen Gesicht immer neben mir im Bett liegt.«

Noch zögerte er für ein paar Augenblicke, in denen die Vergangenheit über ihm lag: Am verlockendsten war es, den Part von Onkel Thomas zu übernehmen, nur immer die eine, einzige Antwort auf die Litanei herunterzubeten, die der Chor in den Kulissen absang.

Nein, nicht wieder dieses Kind sein, es ist zu schwer: Welcher Junge trägt in der heutigen Zeit noch schwarze Strümpfe? Die mittlere Lösung war es, der Mann mit dem blassen gedunsenen Gesicht zu bleiben, und er hatte immer nur die mittleren Lösungen vorgezogen. Er ging auf den Jungen zu, und als sein Schatten über das Kind fiel, blickte es auf und sah ihn ängstlich an. »Wie heißt du?« fragte Heemke.

Der Junge stand hastig auf, und aus seinem geröteten Gesicht kam die Antwort: »Wierzok.«

»Buchstabiere es mir, bitte«, sagte Heemke und zückte sein Notizbuch, und das Kind buchstabierte langsam »W-i-e-r-z-o-k«.

»Und wo kommst du her?«

»Aus Wollersheim«, sagte das Kind.

Gott sei Dank, dachte Heemke, ist er nicht aus meinem Heimatdorf und trägt nicht meinen Namen – ist nicht eins der Kinder von meinen vielen Vettern.

»Und wo wirst du hier in der Stadt wohnen?«

»Bei meiner Tante«, sagte Wierzok.

»Schön«, sagte Heemke, »es wird schon gutgehen mit der Prüfung. Du hast gute Zeugnisse und eine gute Beurteilung von deinem Lehrer, nicht wahr?«

»Ja, ich hatte immer gute Zeugnisse.«

»Mach dir keine Angst«, sagte Heemke, »es wird schon klappen, du wirst…« Er stockte, weil das, was Alfred Emotion und Ressentiment genannt hätte, ihm die Kehle zuschnürte. »Erkälte dich nicht auf den kalten Steinen«, sagte er leise, wandte sich plötzlich ab und betrat die Schule durch die Hausmeisterwohnung, weil er Uli und Ulis Mutter ausweichen wollte. Hinter dem Vorhang des Flurfensters verborgen, blickte er noch einmal auf die Kinder und ihre Eltern, die draußen warteten, und wie jedes Jahr an diesem Tag befiel ihn Schwermut: In den Gesichtern dieser Zehnjährigen glaubte er eine niederdrückende Zukunft zu lesen. Sie drängten sich vor dem Schultor wie die Herde vor dem Stall: Zwei oder drei von diesen siebzig Kindern würden mehr als mittelmäßig sein, und alle anderen würden nur den Hintergrund abgeben. Alfreds Zynismus ist tief in mich eingedrungen, dachte er, und er blickte hilfesuchend zu dem kleinen Wierzok hin, der sich doch wieder gesetzt hatte und mit gesenktem Kopf zu brüten schien.

Ich habe mir damals eine schlimme Erkältung geholt, dachte Heemke. Dieses Kind wird bestehen, und wenn ich, wenn ich – wenn ich, was?

Ressentiment und Emotion, mein lieber Alfred, das sind nicht die Worte, die ausdrücken, was mich erfüllt.

Er ging ins Lehrerzimmer und begrüßte die Kollegen, die auf ihn gewartet hatten, und er sagte zum Hausmeister, der ihm den Mantel abnahm: »Lassen Sie die Kinder jetzt herein.«

An den Gesichtern der Kollegen konnte er ablesen, wie merkwürdig er sich benommen hatte. »Vielleicht«, dachte er, »habe ich eine halbe Stunde dort draußen auf der Straße gestanden und den kleinen Wierzok betrachtet«, und er blickte ängstlich auf die Uhr; aber es war erst vier Minuten nach acht.

»Meine Herren«, sagte er laut, »bedenken Sie, daß für manche dieser Kinder die Prüfung, der sie unterzogen werden, schwerwiegender und folgenreicher ist, als für einige von ihnen in fünfzehn Jahren das Doktorexamen sein wird.« Sie warteten auf mehr, und die, die ihn kannten, warteten auf das Wort, das er bei jeder Gelegenheit so gern sagte, auf das Wort »Gerechtigkeit«. Aber er sagte nichts mehr, wandte sich nur mit leiserer Stimme an einen der Kollegen und fragte: »Wie heißt das Aufsatzthema für die Prüflinge?«

»Ein merkwürdiges Erlebnis.«

Heemke blieb allein im Lehrerzimmer zurück.

Seine Sorge damals, daß die Küchenbank in zwei Jahren zu kurz für ihn sein würde, war überflüssig gewesen, denn er hatte die Aufnahmeprüfung nicht bestanden, obwohl das Aufsatzthema »Ein merkwürdiges Erlebnis« hieß. Bis zu dem Augenblick, wo sie in die Schule eingelassen wurden, hatte er sich an seiner Zuversicht festgehalten, aber die Zuversicht war, als er die Schule betrat, dahingeschmolzen gewesen.

Als er den Aufsatz niederschreiben wollte, versuchte er vergebens, sich an Onkel Thomas festzuhalten. Thomas war plötzlich sehr nahe, zu nahe, als daß er über ihn einen Aufsatz hätte schreiben können; er schrieb die Überschrift hin: »Ein merkwürdiges Erlebnis«, darunter schrieb er: »Wenn es nur Gerächtigkeit auf der Welt gäbe« – und er schrieb in Gerechtigkeit statt des zweiten e ein ä, weil er sich dumpf daran erinnerte, daß alle Worte einen Stamm haben, und es schien ihm, als sei der Stamm von Gerechtigkeit Rache.

Mehr als zehn Jahre hatte er gebraucht, um, wenn er an Gerechtigkeit dachte, nicht an Rache zu denken.

Das schlimmste von diesen zehn Jahren war das Jahr nach der nichtbestandenen Prüfung gewesen: Die, von denen man wegging in ein Leben hinein, das nur scheinbar ein besseres war, konnten ebenso hart sein wie die, die nichts ahnten und nichts wußten und denen ein Telefongespräch des Vaters ersparte, was sie selbst Monate des Schmerzes und der Anstrengung gekostet hätte; ein Lächeln der Mutter, ein Händedruck, sonntags nach der Messe gewechselt, und ein schnell hingeworfenes Wort: das war die Gerechtigkeit der Welt – und das andere, das er immer gewollt, aber nie erreicht hatte, war das, nach dem Onkel Thomas so heftig verlangt hatte. Der Wunsch, das zu erreichen, hatte ihm den Spitznamen »Daniel, der Gerechte« eingebracht.

Er erschrak, als die Tür aufging und der Hausmeister Ulis Mutter einließ.

»Marie«, sagte er, »was – warum...«

»Daniel«, sagte sie, »ich...«, aber er unterbrach sie und sagte: »Ich habe keine Zeit, nicht eine Sekunde – nein«, sagte er heftig, und er verließ sein Zimmer und stieg zum ersten Stock hinauf: Hier oben hin drang der Lärm der wartenden Mütter nur gedämpft. Er trat an das Fenster, das zum Hof hin lag, steckte seine Zigarette in den Mund, vergaß aber, sie anzuzünden. Dreißig Jahre habe ich gebraucht, um über alles hinwegzukommen und um eine Vorstellung von dem zu erlangen, was ich will. Ich habe die Rache aus meiner Gerechtigkeit entfernt; ich verdiene mein Geld, ich setze mein hartes Gesicht auf, und die meisten glauben, daß ich damit an meinem Ziel sei: Aber ich bin noch nicht am Ziel; jetzt erst starte ich – aber das harte Gesicht kann ich jetzt absetzen und wegtun, wie man einen Hut wegtut, der ausgedient hat; ich werde ein anderes Gesicht haben, vielleicht mein eigenes...

Er würde Wierzok dieses Jahr ersparen; kein Kind wollte er dem ausgesetzt wissen, dem er ausgesetzt gewesen war, kein Kind, am wenigsten aber dieses – dem er begegnet war wie sich selbst –.

Mein Freund hat einen merkwürdigen Beruf: Er scheut sich nicht, sich Schriftsteller zu nennen, einzig deshalb, weil er einige latente Kenntnisse der Rechtschreibung besitzt, ein paar Regeln der Syntax vage beherrscht und nun Tippseite um Tippseite mit stilistischen Übungen bedeckt, die er Manuskript nennt, sobald sich ein Bündel davon gebildet hat.

Jahrelang hat er auf den Steppen der Kultur das magere Gras dieser Kunst gefressen, bis er einen Verleger fand. Bald nach Erscheinen seines Buches traf ich ihn in tiefster Niedergeschlagenheit. Sein Bericht war tatsächlich bedrückend: Laut Abrechnung seines Verlages waren innerhalb eines halben Jahres 350 Exemplare honorarfrei zur Besprechung verschickt worden, einige gute Kritiken waren erschienen und 13 Exemplare wirklich verkauft – womit sich für meinen Freund ein Guthaben von 5,46 DM ergab. Aber er hatte 800 DM Vorschuß bekommen, und bei gleichbleibendem Verkauf würde dieser Vorschuß in etwa 150 Jahren abgegolten sein.

Nun ist die Lebensdauer des Menschen im allgemeinen geringer; man setzt sie, wenn man von einigen, fast sagenhaften Türken absieht, mit 70 an, und bei den denkwürdigen Strapazen, die unserer verlorenen Generation auferlegt wurden, kann man getrost weitere 10 Jahre streichen.

Ich riet meinem Freund, ein zweites Buch zu schreiben. Es wurde nach Erscheinen in Fachkreisen freudig begrüßt, die Zahl der Besprechungsexemplare steigerte sich auf über 400, die Anzahl der verkauften betrug nach einem halben Jahr 29. Ich drehte meinem Freund zwei Zigaretten, klopfte ihm auf die Schulter und schlug vor, nun ein drittes Buch zu schreiben. Aber merkwürdigerweise faßte er das als Ironie auf und zog sich gekränkt zurück.

Inzwischen war er als »Transparent-Witt« in die Literaturgeschichte eingegangen, und ein Buch über ihn, das erschienen war, wurde mehr gekauft als seine Bücher.

Fast ein halbes Jahr sah ich ihn nicht: Er schien wieder auf den Gefilden einsamer Genialität herumzutraben. Dann erschien er bei mir, bekannte reumütig, doch ein drittes Buch begonnen zu haben. Ich machte ihm den Vorschlag, diese Arbeit in einer hektographierten Auflage von 30 bis 50 Stück in den Buchhandel zu geben. Doch die richtige Druckerschwärze hatte es ihm angetan, außerdem hatte er wieder Vorschuß genommen, sein zweites Kind war unterwegs, und er behauptete, sich nicht mitschuldig machen zu wollen an der Arbeitslosigkeit einiger Setzer und Drucker, Packerinnen und Einlegerinnen. (Sein soziales Empfinden war immer schon sehr stark!)

Inzwischen waren fast 100 gute Kritiken über ihn erschienen und über 90 Exemplare seiner beiden Bücher verkauft. Sein Verleger hatte eine Aktion gestartet, die er »Die Suche nach dem Leser« nannte. An alle Buchhandlungen waren Handzettel geschickt worden, des Inhalts, daß jeder Witt-Käufer festzustellen und sofort dem Verlag zu melden sei, damit man versuchen könne, den Kontakt zwischen Autor und Leser herzustellen.

Der Erfolg dieser Aktion ließ nicht lange auf sich warten. Vier Wochen nach dem Start muß im hohen Norden ein Mann aufgetaucht sein, der nach einem Buch meines Freundes fragte, es erwarb und bezahlte. Der Inhaber der Buchhandlung schickte sofort ein Telegramm: »Witt-Käufer aufgetaucht – was tun?« Inzwischen hielt er den Käufer durch ein Gespräch fest, goß Kaffee ein, öffnete Zigarettenschachteln – alles Handlungen, die den Käufer zwar erstaunten, die er aber ruhig über sich ergehen ließ. Dann traf blitztelegraphisch die Antwort des Verlegers ein: »Käufer zu mir schicken – übernehme Gesamtkosten.« Zum Glück war der Kunde Studienrat, hatte Ferien und nichts gegen eine kostenlose Reise nach Süddeutschland einzuwenden. Er fuhr am ersten Tage bis Köln, übernachtete dort in einem guten Hotel, fuhr dann am schönen Rhein entlang gen Süden und genoß die Fahrt sehr.

Nachmittags gegen vier des zweiten Tages war er am Ziel, fuhr mit der Taxe vom Bahnhof zum Verlag und verbrachte eine anregende Stunde bei Kaffee und Kuchen mit der reizenden Gattin des Verlegers. Dann wurde er mit neuen Reisespesen ausgerüstet, zum Bahnhof zurückbefördert und fuhr nun zweiter Klasse in jenes stille Städtchen, wo mein Freund den Musen dient. Dort war inzwischen das zweite Kind längst angekommen: Die Frau meines Freundes war ins Kino gegangen – eine Ausspannung, die man den Frauen von Schriftstellern trotz aller finanziellen Bedrängnis nicht versagen sollte. Der Käufer traf also meinen Freund gerade an, als dieser seinen Kindern die Abendmilch wärmte und ihnen zur Beruhigung ein Lied vorsang, in dem eine ordinäre Vokabel vorherrschte. Dieses Wort warf ein übles Licht auf die junge deutsche Literatur…

Mein Freund begrüßte seinen Leser mit Begeisterung, drückte ihm die Kaffeemühle in die Hand und entledigte sich rasch seiner Vaterpflichten. Bald kochte auch das Kaffeewasser, und das Gespräch hätte beginnen können. Aber sie waren beide so schüchterne Menschen, daß sie sich erst in gegenseitiger stummer Bewunderung ansahen, eine ganze Zeit lang, bis mein Freund mit dem Ruf explodierte: »Sie sind ein Genie – ein ausgewachsenes Genie!«

»O nein«, sagte der Gast milde, »ich dachte Sie.«

»Irrtum«, sagte mein Freund und goß endlich Kaffee ein, »das Hauptmerkmal des Genies ist seine Rarität, und Sie gehören einer rareren Menschenklasse an als ich.«

Der Besucher versuchte bescheidene Einwände vorzubringen, wurde aber in grober Weise belehrt: »Nichts da«, sagte mein Freund, »ein Buch zu schreiben ist halb so schlimm, wie es gemacht wird. Einen Verleger zu finden ist Spielerei, aber ein Buch kaufen – das nenne ich eine geniale Tat. – Nehmen Sie doch Milch und Zucker.«

27

Der Mann nahm Milch und Zucker, zog dann schüchtern aus der rechten Innentasche seines Mantels das im hohen Norden gekaufte Buch und bat um eine Widmung.

»Nur unter einer Bedingung«, sagte mein Freund hart, »nur unter der Bedingung, daß Sie mir eine Widmung auf mein Manuskript schreiben!«

Er zog aus einem Regal einen Leitz-Ordner, entnahm ihm ein Paket beschriebener Blätter, legte es neben die Kaffeetasse seines Gastes und sagte: »Machen Sie mir eine Freude!«

Der Gast zückte verwirrt seinen Füllfederhalter und schrieb zögernd auf den unteren Rand der letzten Manuskriptseite: »In aufrichtiger Verehrung – Günther Schlegel.«

Aber eine halbe Minute später, während mein Freund noch, um die Tinte zu trocknen, sein Manuskript über dem Ofen schwenkte, zog der Gast aus der linken Innentasche seines Mantels einen Packen betippter Blätter und bat meinen Freund, diese Arbeit, die er als seinen Beitrag zur jungen Literatur betrachte, dem Verlag zur Begutachtung vorzulegen.

Mein Freund erzählte mir, er sei einige Minuten sprachlos vor Enttäuschung gewesen. Die Sorge um das Schicksal dieses Mannes habe ihn mit tiefster Bitternis erfüllt.

So saßen sie sich wieder einige Minuten stumm gegenüber, bis mein Freund leise sagte: »Ich flehe Sie an, tun Sie es nicht – Sie begeben sich Ihrer Originalität!«

Der Gast schwieg hartnäckig und umklammerte sein Manuskript.

»Sie werden keine Reisespesen mehr bekommen«, sagte mein Freund, »kein Sahnekuchen wird mehr aufgetischt. Die Frau des Verlegers wird ihr sauerstes Gesicht machen. Um Ihrer selbst willen flehe ich Sie an: Lassen Sie es!«

Aber der Gast schüttelte verbissen den Kopf, und mein Freund, in dem heißen Bemühen, einen Menschen zu retten, schreckte nicht davor zurück, die Verlagsabrechnungen zu holen. Aber das alles interessierte Schlegel nicht.

Hier pflegte mein Freund seinen Bericht abzubrechen, und ich nehme an, daß er einfach Streit mit seinem Besucher bekam. Jedenfalls entstand hier eine Pause, während mein Freund nachdenklich seine geballten Fäuste betrachtete und Unverständliches vor sich hinmurmelte. Ich erfuhr noch, daß Schlegel nach knappem Gruß gegangen war und sein Manuskript liegengelassen hatte.

Inzwischen hat Schlegels Roman ›Weh dir, Penelope!‹, eine Heimkehrergeschichte, in Fachkreisen berechtigtes Aufsehen erregt. Schlegel hat die Schullaufbahn verlassen, einen richtigen Beruf also aufgegeben, um sich einem anderen zu widmen, von dem ich immer noch annehme, daß er keiner ist...

Erst mittags war er auf den Gedanken gekommen, die Weihnachtsgeschenke für Anna im Bahnhof am Gepäckschalter abzugeben; er war glücklich über den Einfall, weil er ihn der Notwendigkeit enthob, gleich nach Hause zu gehen. Seitdem Anna nicht mehr mit ihm sprach, fürchtete er sich vor der Heimkehr; ihre Stummheit wälzte sich über ihn wie ein Grabstein, sobald er die Wohnung betreten hatte. Früher hatte er sich auf die Heimkehr gefreut, zwei Jahre lang seit dem Hochzeitstag: Er liebte es, mit Anna zu essen, mit ihr zu sprechen, dann ins Bett zu gehen; am meisten aber liebte er die Stunde zwischen Zu-Bett-Gehen und Einschlafen. Anna schlief früher ein als er, weil sie jetzt immer müde war – und er lag im Dunkeln neben ihr, hörte ihren Atem, und aus der Tiefe der Straße schossen manchmal die Scheinwerfer der Autos Licht über die Zimmerdecke, Licht, das sich senkte, wenn die Autos die Steigung der Straße erreicht hatten, Streifen hellen gelben Lichts, das für einen Augenblick das Profil seiner schlafenden Frau an die Wand warf; dann fiel wieder Dunkelheit übers Zimmer, und es blieben nur die zarten Kringel: das Muster des Vorhangs, vom Gaslicht der Laterne an die Decke gezeichnet. Diese Stunde liebte er von allen Stunden des Tages am meisten, weil er spürte, wie der Tag von ihm abfiel und er in den Schlaf tauchte wie in ein Bad.

Jetzt schlenderte er zögernd am Gepäckschalter vorbei, sah hinten seinen Karton noch immer zwischen dem roten Lederkoffer und der Korbflasche stehen. Der offene Aufzug, der vom Bahnsteig herunterkam, war leer, weiß von Schnee: Er senkte sich wie ein Blatt Papier in den grauen Beton des Schalterraums, und der Mann, der ihn bedient hatte, kam nach vorn und sagte zu dem Beamten: »Jetzt wird's richtig Weihnachten. Ist doch schön, wenn die Kinder Schnee haben, was?« Der Beamte nickte, spießte stumm Zettel auf seinen Nagel, zählte das Geld in seiner Holzschublade und sah mißtrauisch zu Brenig hinüber, der den Gepäckschein aus der Tasche genommen, ihn aber dann wieder zusammengelegt und eingesteckt hatte. Er war schon zum drittenmal hier, hatte zum drittenmal den Zettel herausgenommen und ihn wieder eingesteckt. Die mißtrauischen Blicke des Beamten störten ihn, und er schlenderte zum Ausgang, blieb dort stehen und sah auf den leeren Vorplatz. Er liebte den Schnee, liebte die Kälte; als Junge hatte er sich daran berauscht, die kalte klare Luft einzuatmen, und er warf jetzt seine Zigarette weg und hielt sein Gesicht in den Wind, der leichte und sehr viele Schneeflocken auf den Bahnhof zutrieb. Brenig hielt die Augen offen, denn er mochte es, wenn sich die Flocken an seinen Wimpern festklebten, immer neue, während die alten schmolzen und in kleinen Tropfen über seine Wangen liefen. Ein Mädchen ging schnell an ihm vorbei, und er sah, wie ihr grüner Hut, während sie über den Vorplatz lief, vom Schnee bedeckt wurde, aber erst als sie an der Straßenbahnstation stand, erkannte er in ihrer Hand den kleinen roten Lederkoffer, der neben seinem Karton im Gepäckraum gestanden hatte.

Man sollte nicht heiraten, dachte Brenig, sie gratulieren einem, schicken einem Blumen, lassen blöde Telegramme ins Haus bringen, und dann lassen sie einen allein. Sie erkundigen sich, ob man an alles gedacht hat: an das Küchengerät, vom Salzstreuer bis zum Herd, und zuletzt vergewissern sie sich, ob auch die Flasche mit Suppenwürze im Schrank steht. Sie rechnen nach, ob man eine Familie ernähren kann, aber was es bedeutet, eine Familie zu *sein*, das sagt einem keiner. Blumen schicken sie, zwanzig Sträuße, und es riecht wie bei einer Beerdigung, dann zerschmeißen sie Porzellan vor der Haustür und lassen einen allein.

Ein Mann ging an ihm vorbei, und er hörte, daß der Mann betrunken war und sang: »Alle Jahre wieder«, aber Brenig veränderte die Lage seines Kopfes nicht, und so bemerkte er erst spät, daß der Mann eine Korbflasche in der rechten Hand trug, und er wußte, daß der Karton mit den Weihnachtsgeschenken für seine Frau jetzt allein oben auf dem obersten Brett im Gepäckraum stand. Ein Schirm war drin, zwei Bücher und ein großes Piano aus Mokka-schokolade: Die weißen Tasten waren aus Marzipan, die dunklen aus reinem Krokant. Das Schokoladenpiano war so groß wie ein Lexikon, und die Verkäuferin hatte gesagt, daß sich die Schokolade ein halbes Jahr hielte. – Vielleicht war ich zu jung zum Heiraten, dachte er, vielleicht hätte ich warten sollen, bis Anna weniger ernst und ich ernster geworden wäre, aber er wußte ja, daß er ernst genug, und Annas Ernst gerade richtig war. Er liebte sie deswegen. Um der Stunde vor dem Einschlafen willen hatte er aufs Kino, aufs Tanzen verzichtet, hatte Verabredungen nicht eingehalten. Abends, wenn er im Bett lag, kam Frömmig-keit über ihn, Frieden, und er wiederholte sich dann oft den Satz, dessen Wortlaut er nicht mehr ganz genau wußte: »Gott schuf die Erde und den Mond, ließ sie über den Tag und die Nacht walten, zwischen Licht und Fin-sternis scheiden, und Gott sah, daß es gut war. So ward Abend und Morgen.« Er hatte sich vorgenommen, in Annas Bibel den Satz noch einmal genau nachzulesen, aber er vergaß es immer wieder. Daß Gott Tag und Nacht erschaffen hatte, erschien ihm mindestens so großartig wie die Erschaffung der Blumen, der Tiere und des Menschen.

Er liebte diese Stunde vor dem Einschlafen über alles. Aber seitdem Anna nicht mehr mit ihm sprach, lag ihre Stummheit wie ein Gewicht auf ihm. Hätte sie nur gesagt: »Es ist kälter geworden…«, oder: »Es wird regnen…«, er wäre erlöst gewesen – hätte sie nur »Ja, ja« oder »Nein, nein« gesagt, irgend etwas viel Dümmeres als das, er wäre glücklich und der Gedanke an die Heimkehr wäre nicht mehr schrecklich gewesen. Aber ihr Gesicht war für Augenblicke wie aus Stein, und in diesen Augenblicken wußte er plötzlich, wie sie als alte Frau aussehen würde; er erschrak, sah sich plötzlich dreißig Jahre weit vorwärtsgeworfen in die Zukunft wie in eine steinerne Ebene, sah auch sich alt, mit einem Gesicht, wie manche Männer es hatten, die er kannte: gerillt von Bitternis, krampfig von verschlucktem Schmerz und leise mit Galle durchgefärbt bis in die Nasenflügel hinein: Masken, durch den Alltag gestreut wie Totenköpfe...

Manchmal auch, obwohl er sie erst seit drei Jahren kannte, hatte er gewußt, wie sie als kleines Mädchen ausgesehen hatte, er sah sie als Zehnjährige träumend über einem Buch bei Lampenlicht, ernsthaft, dunkel die Augen unter den hellen Wimpern, blinzelnd über dem Gelesenen mit offenem Mund... Oft, wenn er ihr beim Essen gegenübersaß, veränderte sich ihr Gesicht wie jene Bilder, die sich durch Schütteln verändern, und er wußte plötzlich, daß sie schon als Kind genauso dagesessen hatte, vorsichtig die Kartoffeln mit der Gabel zerkleinert und die Soße langsam hatte darübertröpfeln lassen... Der Schnee hatte seine Wimpern fast verklebt, aber er konnte noch die 4 erkennen, die leise über den Schnee heranglitt wie ein Schlitten.

Vielleicht sollte ich sie anrufen, dachte er, sie bei Menders ans Telefon bitten, dann würde sie mit mir sprechen müssen. Gleich nach der 4 würde die 7 kommen, die letzte, die an diesem Abend fuhr, aber ihn fror jetzt, und er ging langsam über den Platz, sah von weitem die hellerleuchtete blaue 7, blieb unentschlossen an der Telefonzelle stehen und sah in ein Schaufenster hinein, wo die Dekorateure Weihnachtsmänner und Engel gegen andere Puppen auswechselten: dekolletierte Damen, deren nackte Schultern mit Konfetti bestreut, deren Handgelenke mit Luftschlangen gefesselt waren. Puppen von Kavalieren mit graumeliertem Haar wurden hastig auf Barhocker gesetzt, Pfropfen von Sektflaschen auf die Erde gestreut, einer Puppe wurden die Flügel und die Locken abgenommen, und Brenig wunderte sich, wie schnell sich ein Engel in einen Mixer verwandeln ließ. Schnurrbart, dunkle Perücke, und fix an die Wand genagelt den Spruch: »Silvester ohne Sekt?«

Weihnachten war hier schon zu Ende, bevor es angefangen hatte. Vielleicht, dachte er, ist auch Anna zu jung, sie war erst einundzwanzig, und während er im Schaufenster sein Spiegelbild betrachtete, sah er, daß der Schnee seine Haare wie eine kleine Krone bedeckte – so hatte er es früher auf Zaunpfählen gesehen –, fiel ihm ein, daß die Alten unrecht hatten, wenn sie von der fröhlichen Jugendzeit sprachen: Wenn man jung war, war alles ernst und schwer, und niemand half einem, und er wunderte sich plötzlich, daß er Anna ihrer Stummheit wegen nicht haßte, daß er nicht wünschte, eine andere geheiratet zu haben. Das ganze Vokabular, das einem so zugetragen wurde, galt nicht: Verzeihung, Scheidung, neu anfangen, die Zeit wird helfen – alle diese Worte halfen einem nichts. Man mußte allein damit fertig werden, weil man anders war als die anderen, und weil Anna eine andere Frau war als die Frauen der anderen.

Flink nagelten die Dekorateure Masken an die Wände, reihten Knallbonbons auf eine Schnur; die letzte 7 war längst abgefahren, und der Karton mit den Geschenken für Anna stand allein oben auf dem Regal.

Ich bin fünfundzwanzig, dachte er, und muß für eine Lüge, eine kleine Lüge, eine dumme Lüge, wie sie Millionen Männer jede Woche oder jeden Monat begehen, so hart bestraft werden: mit einem Blick in die steinerne Zukunft, muß Anna als Sphinx vor dieser Steinwüste hokken sehen, mich selbst, gelblich durchfärbt von Bitternis als alten Mann. Ja, immer würde die Flasche mit Suppenwürze im Schrank stehen, der Salzstreuer am rechten Ort, und er würde längst Abteilungsleiter sein und seine Familie gut ernähren können: eine steinerne Sippe, und niemals mehr würde er im Bett liegen und in der Stunde vor dem Einschlafen die Erschaffung des Abends loben, Gott für den großen Feierabend danken, und er würde jungen Leuten zur Hochzeit so dumme Telegramme schicken, wie er sie bekommen hatte...

Andere Frauen hätten gelacht über eine so dumme Lüge

wegen des Gehalts, andere Frauen wußten, daß alle Männer ihre Frauen belogen: Es war vielleicht eine Art naturbedingter Notwehr, gegen die sie ihre eigenen Lügen erfanden, Annas Gesicht aber war zu Stein geworden. Es gab auch Bücher über die Ehe, und er hatte in diesen Büchern nachgelesen, was man tun konnte, wenn etwas in der Ehe schiefging, aber in keinem der Bücher hatte etwas von einer Frau gestanden, die zu Stein geworden war. Es stand in den Büchern, wie man Kinder bekam und wie man keine Kinder bekam, und es waren viele große und schöne Worte, aber die kleinen Worte fehlten.

Die Dekorateure hatten ihre Arbeit beendet: Luftschlangen hingen über Drähten, die außerhalb des Blickwinkels befestigt waren, und er sah im Hintergrund des Ladens einen von den Männern mit zwei Engeln unter dem Arm verschwinden, während der zweite noch eine Tüte Konfetti über die nackten Schultern der Puppe leerte und das Schild »Sylvester ohne Sekt?« noch ein wenig zurechtrückte.

Brenig klopfte sich den Schnee von den Haaren, ging über den Platz zurück in die Bahnhofshalle, und als er den Gepäckschein zum viertenmal herausgenommen und geglättet hatte, lief er schnell, als habe er keine Sekunde mehr zu verlieren. Aber der Gepäckschalter war geschlossen, und es hing ein Schild vor dem Gitter: »Wird 10 Minuten vor Ankunft oder Abfahrt eines Zuges geöffnet.« Brenig lachte, er lachte zum erstenmal seit Mittag und blickte auf seinen Karton, der oben auf dem Regal hinter Gittern wie in einem Gefängnis lag. Die Abfahrttafel hing neben dem Schalter, und er sah, daß der nächste Zug erst in einer Stunde ankam. So lange kann ich nicht warten, dachte er, und nicht einmal Blumen oder eine Tafel Schokolade werde ich um diese Zeit bekommen, nicht ein kleines Buch, und die letzte 7 ist weg. Zum erstenmal in seinem Leben dachte er daran, ein Taxi zu nehmen, und er kam sich sehr erwachsen vor, zugleich ein wenig albern, als er über den Bahnhofsvorplatz zu den Taxis lief.

Er saß hinten im Wagen, hielt sein Geld in der Hand: 10 Mark, sein letztes Geld, das er reserviert hatte, um für Anna noch etwas Besonderes zu kaufen, aber er hatte nichts Besonderes gefunden, und nun saß er da mit seinem Geld in der Hand und beobachtete das Taxameter, das in kurzen Abständen – in sehr kurzen Abständen schien ihm – jedesmal um einen Groschen stieg, und jedesmal, wenn das Taxameter klickte, traf es ihn wie ins Herz, obwohl die Uhr erst bei DM 2,80 stand. Ohne Blumen, ohne Geschenke, hungrig, müde und dumm komme ich nach Hause, und ihm fiel ein, daß er im Wartesaal sicher eine Tafel Schokolade bekommen hätte.

Die Straßen waren leer, das Auto fuhr fast geräuschlos durch den Schnee, und in den Häusern konnte Brenig hinter den erleuchteten Fenstern die Weihnachtsbäume brennen sehen: Weihnachten, das, was er als Kind darunter verstanden und an diesem Tag empfunden hatte, das schien ihm weit weg: Was wichtig war und schwer wog, geschah unabhängig vom Kalender, und in der Steinwüste würde Weihnachten wie irgendein Tag im Jahr und Ostern gleich einem regnerischen Novembertag sein: dreißig, vierzig abgerissene Kalender, Blechhalter mit ausgefransten Papierresten, das würde übrigbleiben, wenn man nicht aufpaßte.

Er erschrak, als der Fahrer sagte: »Da sind wir…« Dann war er erleichtert, zu sehen, daß das Taxameter auf DM 3,40 stehengeblieben war. Er wartete ungeduldig, bis er auf sein Fünfmarkstück herausbekommen hatte, und es wurde ihm leicht ums Herz, als er oben Licht sah in dem Zimmer, wo Annas Bett neben seinem stand. Er nahm sich vor, nie diesen Augenblick der Erleichterung zu vergessen, und als er den Hausschlüssel herauszog, ihn in die Tür steckte, spürte er wieder dieses dumme Gefühl, das er beim Besteigen des Taxis gespürt hatte: Er kam sich so erwachsen vor, zugleich ein wenig albern.

In der Küche stand der Weihnachtsbaum auf dem Tisch, und es lagen Geschenke für ihn da: Strümpfe, Zigaretten und ein neuer Füllfederhalter und ein hübscher, bunter Kalender, den er sich im Büro würde über den Schreibtisch hängen können. Die Milch stand in der Kasserolle auf dem Herd, er brauchte nur das Gas anzuzünden, und die Brote waren fertig zubereitet auf dem Teller – aber das war jeden Abend so gewesen, auch seitdem Anna nicht mehr mit ihm sprach, und das Aufstellen des Weihnachtsbaumes und das Zurechtlegen der Geschenke war wie das Schmieren der Brote: eine Pflicht, und Anna würde immer ihre Pflicht tun. Er hatte keine Lust auf die Milch, und auch die appetitlichen Brote reizten ihn nicht. Er ging in die kleine Diele und sah sofort, daß Anna das Licht gelöscht hatte. Die Tür zum Schlafzimmer war aber offen, und er rief ohne viel Hoffnung leise in das dunkle Viereck: »Anna, schläfst du?« Er wartete, lange schien ihm, als fiele seine Frage unendlich tief, und das dunkle Schweigen in dem dunklen Viereck der Schlafzimmertür enthielt alles, was in dreißig, vierzig Kalenderjahren noch auf ihn wartete – und als Anna »Nein« sagte, glaubte er, sich verhört zu haben, vielleicht war es eine Täuschung, und er sprach hastig und laut weiter: »Ich habe eine Dummheit gemacht. Ich habe die Geschenke für dich bei der Aufbewahrung am Bahnhof abgegeben, und als ich sie holen wollte, war geschlossen, und ich wollte nicht warten. Ist es schlimm?«

Diesmal war er sicher, ihr »Nein« richtig gehört zu haben, aber er hörte auch, daß dieses »Nein« nicht aus der Ecke des Zimmers kam, wo ihre Betten gestanden hatten. Offenbar hatte Anna ihr Bett unters Fenster gerückt. »Es ist ein Schirm«, sagte er, »zwei Bücher und ein kleines Piano aus Schokolade, es ist so groß wie ein Lexikon, die Tasten sind aus Marzipan und Krokant.« Er sprach nicht weiter, lauschte auf Antwort, aber es kam nichts aus dem dunklen Viereck, aber als er fragte: »Freust du dich?«, kam das »Ja« schneller als die beiden »Nein« vorher...

Er löschte das Licht in der Küche, zog sich im Dunkeln aus und legte sich in sein Bett: Durch die Vorhänge hindurch konnte er die Weihnachtsbäume im Hause gegenüber sehen, und unten im Hause wurde gesungen, er aber hatte seine Stunde wieder, hatte zwei »Nein« und ein »Ja«, und wenn ein Auto die Straße heraufkam, schoß der Scheinwerfer für ihn Annas Profil aus der Dunkelheit heraus...

Doktor Murkes gesammeltes Schweigen

Jeden Morgen, wenn er das Funkhaus betreten hatte, unterzog sich Murke einer existentiellen Turnübung: Er sprang in den Paternosteraufzug, stieg aber nicht im zweiten Stockwerk, wo sein Büro lag, aus, sondern ließ sich höher tragen, am dritten, am vierten, am fünften Stockwerk vorbei, und jedesmal befiel ihn Angst, wenn die Plattform der Aufzugskabine sich über den Flur des fünften Stockwerks hinweg erhob, die Kabine sich knirschend in den Leerraum schob, wo geölte Ketten, mit Fett beschmierte Stangen, ächzendes Eisenwerk die Kabine aus der Aufwärts- in die Abwärtsrichtung schoben, und Murke starrte voller Angst auf diese einzige unverputzte Stelle des Funkhauses, atmete auf, wenn die Kabine sich zurechtgerückt, die Schleuse passiert und sich wieder eingereiht hatte und langsam nach unten sank, am fünften, am vierten, am dritten Stockwerk vorbei; Murke wußte, daß seine Angst unbegründet war: Selbstverständlich würde nie etwas passieren, es konnte gar nichts passieren, und wenn etwas passierte, würde er im schlimmsten Falle gerade oben sein, wenn der Aufzug zum Stillstand kam, und würde eine Stunde, höchstens zwei dort oben eingesperrt sein. Er hatte immer ein Buch in der Tasche, immer Zigaretten mit; doch seit das Funkhaus stand, seit drei Jahren, hatte der Aufzug noch nicht einmal versagt. Es kamen Tage, an denen er nachgesehen wurde, Tage, an denen Murke auf diese viereinhalb Sekunden Angst verzichten mußte, und er war an diesen Tagen gereizt und unzufrieden, wie Leute, die kein Frühstück gehabt haben. Er brauchte diese Angst, wie andere ihren Kaffee, ihren Haferbrei oder ihren Fruchtsaft brauchen.

Wenn er dann im zweiten Stock, wo die Abteilung Kulturwort untergebracht war, vom Aufzug absprang, war er heiter und gelassen, wie eben jemand heiter und gelassen ist, der seine Arbeit liebt und versteht. Er schloß die Tür zu seinem Büro auf, ging langsam zu seinem Sessel, setzte sich und steckte eine Zigarette an: Er war immer der erste im Dienst. Er war jung, intelligent und liebenswürdig, und selbst seine Arroganz, die manchmal kurz aufblitzte, selbst diese verzieh man ihm, weil man wußte, daß er Psychologie studiert und mit Auszeichnung promoviert hatte.

Nun hatte Murke seit zwei Tagen aus einem besonderen Grund auf sein Angstfrühstück verzichtet: Er hatte schon um acht ins Funkhaus kommen, gleich in ein Studio rennen und mit der Arbeit beginnen müssen, weil er vom Intendanten den Auftrag erhalten hatte, die beiden Vorträge über das Wesen der Kunst, die der große Bur-Malottke auf Band gesprochen hatte, den Anweisungen Bur-Malottkes gemäß zu schneiden. Bur-Malottke, der in der religiösen Begeisterung des Jahres 1945 konvertiert hatte, hatte plötzlich »über Nacht«, so sagte er, »religiöse Bedenken bekommen«, hatte sich »plötzlich angeklagt gefühlt, an der religiösen Überlagerung des Rundfunks mitschuldig zu sein«, und war zu dem Entschluß gekommen, Gott, den er in seinen beiden halbstündigen Vorträgen über das Wesen der Kunst oft zitiert hatte, zu streichen und durch eine Formulierung zu ersetzen, die mehr der Mentalität entsprach, zu der er sich vor 1945 bekannt hatte; Bur-Malottke hatte dem Intendanten vorgeschlagen, das Wort Gott durch die Formulierung »jenes höhere Wesen, das wir verehren« zu ersetzen, hatte sich aber geweigert, die Vorträge neu zu sprechen, sondern darum gebeten, Gott aus den Vorträgen herauszuschneiden und »jenes höhere Wesen, das wir verehren« hineinzukleben. Bur-Malottke war mit dem Intendanten befreundet, aber nicht diese Freundschaft war die Ursache für des Intendanten Entgegenkommen: Bur-Malottke widersprach man einfach nicht. Er hatte zahlreiche Bücher essayistisch-philosophisch-religiös-kulturgeschichtlichen Inhalts geschrieben, er saß in der Redaktion von drei Zeitschriften und zwei

Zeitungen, er war Cheflektor des größten Verlages. Er hatte sich bereit erklärt, am Mittwoch für eine Viertelstunde ins Funkhaus zu kommen und »jenes höhere Wesen, das wir verehren« so oft auf Band zu sprechen, wie Gott in seinen Vorträgen vorkam. Das übrige überließ er der technischen Intelligenz der Funkleute.

Es war für den Intendanten schwierig gewesen, jemanden zu finden, dem er diese Arbeit zumuten konnte; es fiel ihm zwar Murke ein, aber die Plötzlichkeit, mit der ihm Murke einfiel, machte ihn mißtrauisch – er war ein vitaler und gesunder Mann –, und so überlegte er fünf Minuten, dachte an Schwendling, an Humkoke, an Fräulein Broldin, kam aber doch wieder auf Murke. Der Intendant mochte Murke nicht; er hatte ihn zwar sofort engagiert, als man es ihm vorschlug, er hatte ihn engagiert, so wie ein Zoodirektor, dessen Liebe eigentlich den Kaninchen und Rehen gehört, natürlich auch Raubtiere anschafft, weil in einen Zoo eben Raubtiere gehören – aber die Liebe des Intendanten gehörte eben doch den Kaninchen und Rehen, und Murke war für ihn eine intellektuelle Bestie. Schließlich siegte seine Vitalität, und er beauftragte Murke, Bur-Malottkes Vorträge zu schneiden. Die beiden Vorträge waren am Donnerstag und Freitag im Programm, und Bur-Malottkes Gewissensbedenken waren in der Nacht von Sonntag auf Montag gekommen – und man hätte ebensogut Selbstmord begehen können, wie Bur-Malottke zu widersprechen, und der Intendant war viel zu vital, um an Selbstmord zu denken.

So hatte Murke am Montagnachmittag und am Dienstagmorgen dreimal die beiden halbstündigen Vorträge über das Wesen der Kunst abgehört, hatte Gott herausgeschnitten und in den kleinen Pausen, die er einlegte, während er stumm mit dem Techniker eine Zigarette rauchte, über die Vitalität des Intendanten und über das niedrige Wesen, das Bur-Malottke verehrte, nachgedacht. Er hatte nie eine Zeile von Bur-Malottke gelesen, nie zuvor einen

Vortrag von ihm gehört. Er hatte in der Nacht vom Montag auf Dienstag von einer Treppe geträumt, die so hoch und so steil war wie der Eiffelturm, und er war hinaufgestiegen, hatte aber bald gemerkt, daß die Treppenstufen mit Seife eingeschmiert waren, und unten stand der Intendant und rief: »Los, Murke, los... zeigen Sie, was Sie können... los!« In der Nacht von Dienstag auf Mittwoch war der Traum ähnlich gewesen: Er war ahnungslos auf einem Rummelplatz zu einer Rutschbahn gegangen, hatte dreißig Pfennig an einen Mann bezahlt, der ihm bekannt vorkam, und als er die Rutschbahn betrat, hatte er plötzlich gesehen, daß sie mindestens zehn Kilometer lang war, hatte gewußt, daß es keinen Weg zurück gab, und ihm war eingefallen, daß der Mann, dem er die dreißig Pfennig gegeben hatte, der Intendant war. – An den beiden Morgen nach diesen Träumen hatte er das harmlose Angstfrühstück oben im Leerraum des Paternosters nicht mehr gebraucht.

Jetzt war Mittwoch, und er hatte in der Nacht nichts von Seife, nichts von Rutschbahnen, nichts von Intendanten geträumt. Er betrat lächelnd das Funkhaus, stieg in den Paternoster, ließ sich bis in den sechsten Stock tragen – viereinhalb Sekunden Angst, das Knirschen der Ketten, die unverputzte Stelle –, dann ließ er sich bis zum vierten Stock hinuntertragen, stieg aus und ging auf das Studio zu, wo er mit Bur-Malottke verabredet war. Es war zwei Minuten vor zehn, als er sich in den grünen Sessel setzte, dem Techniker zuwinkte und sich seine Zigarette anzündete. Er atmete ruhig, nahm einen Zettel aus der Brusttasche und blickte auf die Uhr: Bur-Malottke war pünktlich, jedenfalls ging die Sage von seiner Pünktlichkeit; und als der Sekundenzeiger die sechzigste Minute der zehnten Stunde füllte, der Minutenzeiger auf die Zwölf, der Stundenzeiger auf die Zehn rutschte, öffnete sich die Tür, und Bur-Malottke trat ein. Murke erhob sich, liebenswürdig lächelnd, ging auf Bur-Malottke zu und stellte sich vor. Bur-Malottke drückte ihm die Hand, lächelte und sagte: »Na, dann los!« Murke nahm den Zettel vom Tisch, steckte die Zigarette in den Mund und sagte, vom Zettel ablesend, zu Bur-Malottke: »In den beiden Vorträgen kommt Gott genau siebenundzwanzigmal vor – ich müßte Sie also bitten, siebenundzwanzigmal das zu sprechen, was wir einkleben können. Wir wären Ihnen dankbar, wenn wir Sie bitten dürften, es fünfunddreißigmal zu sprechen, da wir eine gewisse Reserve beim Kleben werden gebrauchen können.«

»Genehmigt«, sagte Bur-Malottke lächelnd und setzte sich.

»Eine Schwierigkeit allerdings«, sagte Murke, »ist folgende: Bei dem Wort Gott, so ist es jedenfalls in Ihrem Vortrag, wird, abgesehen vom Genitiv, der kasuelle Bezug nicht deutlich, bei ›jenem höheren Wesen, das wir verehren‹ muß er aber deutlich gemacht werden. Wir haben« – er lächelte liebenswürdig zu Bur-Malottke hin – »insgesamt nötig: zehn Nominative und fünf Akkusative, fünfzehnmal also: ›jenes höhere Wesen, das wir verehren‹ – dann sieben Genitive, also: ›jenes höheren Wesens, das wir verehren‹ – fünf Dative: ›jenem höheren Wesen, das wir verehren‹ – es bleibt noch ein Vokativ, die Stelle, wo Sie: ›o Gott‹ sagen. Ich erlaube mir, Ihnen vorzuschlagen, daß wir es beim Vokativ belassen und Sie sprechen: ›O du höheres Wesen, das wir verehren!‹«

Bur-Malottke hatte offenbar an diese Komplikationen nicht gedacht; er begann zu schwitzen, die Kasusverschiebung machte ihm Kummer. Murke fuhr fort: »Insgesamt«, sagte er liebenswürdig und freundlich, »werden wir für die siebenundzwanzig neugesprochenen Sätze eine Sendeminute und zwanzig Sekunden benötigen, während das siebenundzwanzigmalige Sprechen von ›Gott‹ nur zwanzig Sekunden Sprechzeit erforderte. Wir müssen also zugunsten Ihrer Veränderung aus jedem Vortrag eine halbe Minute streichen.« Bur-Malottke schwitzte heftiger; er verfluchte sich innerlich selbst seiner plötzlichen

Bedenken wegen und fragte: »Geschnitten haben Sie schon, wie?«

»Ja«, sagte Murke, zog eine blecherne Zigarettenschachtel aus der Tasche, öffnete sie und hielt sie Bur-Malottke hin: Es waren kurze schwärzliche Tonbandschnippel in der Schachtel, und Murke sagte leise: »Siebenundzwanzigmal Gott, von Ihnen gesprochen. Wollen Sie sie haben?«

»Nein«, sagte Bur-Malottke wütend, »danke. Ich werde mit dem Intendanten wegen der beiden halben Minuten sprechen. Welche Sendungen folgen auf meine Vorträge?«

»Morgen«, sagte Murke, »folgt Ihrem Vortrag die Routinesendung ›Internes aus KUV‹, eine Sendung, die Dr. Grehm redigiert.«

»Verflucht«, sagte Bur-Malottke, »Grehm wird nicht mit sich reden lassen.«

»Und übermorgen«, sagte Murke, »folgt Ihrem Vortrag die Sendung ›Wir schwingen das Tanzbein‹.«

»Huglieme«, stöhnte Bur-Malottke, »noch nie hat die Abteilung Unterhaltung an die Kultur auch nur eine Fünftelminute abgetreten.«

»Nein«, sagte Murke, »noch nie, jedenfalls« – und er gab seinem jungen Gesicht den Ausdruck tadelloser Bescheidenheit – »jedenfalls noch nie, solange ich in diesem Hause arbeite.«

»Schön«, sagte Bur-Malottke und blickte auf die Uhr, »in zehn Minuten wird es wohl vorüber sein, ich werde dann mit dem Intendanten wegen der Minute sprechen. Fangen wir an. Können Sie mir Ihren Zettel hierlassen?«

»Aber gern«, sagte Murke, »ich habe die Zahlen genau im Kopf.«

Der Techniker legte die Zeitung aus der Hand, als Murke in die kleine Glaskanzel kam. Der Techniker lächelte. Murke und der Techniker hatten während der sechs Stunden am Montag und Dienstag, als sie Bur-Malottkes Vorträge abgehört und daran herumgeschnitten hatten, nicht ein einziges privates Wort miteinander gesprochen; sie hatten sich nur hin und wieder angesehen, das eine Mal hatte der Techniker Murke, das andere Mal Murke dem Techniker die Zigarettenschachtel hingehalten, wenn sie eine Pause machten, und als Murke jetzt den Techniker lächeln sah, dachte er: Wenn es überhaupt Freundschaft auf dieser Welt gibt, dann ist dieser Mann mein Freund. Er legte die Blechschachtel mit den Schnippeln aus Bur-Malottkes Vortrag auf den Tisch und sagte leise: »Jetzt geht es los.« Er schaltete sich ins Studio und sagte ins Mikrofon: »Das Probesprechen können wir uns sicher sparen, Herr Professor. Am besten fangen wir gleich an: Ich darf Sie bitten, mit den Nominativen zu beginnen.«

Bur-Malottke nickte, Murke schaltete sich aus, drückte auf den Knopf, der drinnen im Studio das grüne Licht zum Leuchten brachte, dann hörten sie Bur-Malottkes feierliche, wohlakzentuierte Stimme sagen: »Jenes höhere Wesen, das wir verehren – jenes höhere Wesen…«

Bur-Malottkes Lippen wölbten sich der Schnauze des Mikrofons zu, als ob er es küssen wollte, Schweiß lief über sein Gesicht, und Murke beobachtete durch die Glaswand hindurch kaltblütig, wie Bur-Malottke sich quälte; dann schaltete er plötzlich Bur-Malottke aus, brachte das ablaufende Band, das Bur-Malottkes Worte aufnahm, zum Stillstand und weidete sich daran, Bur-Malottke stumm wie einen dicken, sehr schönen Fisch hinter der Glaswand zu sehen. Er schaltete sich ein, sagte ruhig ins Studio hinein: »Es tut mir leid, aber unser Band war defekt, und ich muß Sie bitten, noch einmal von vorne mit den Nominativen zu beginnen.« Bur-Malottke fluchte, aber es waren stumme Flüche, die nur er selbst hörte, denn Murke hatte ihn ausgeschaltet, schaltete ihn erst wieder ein, als er angefangen hatte, »jenes höhere Wesen…« zu sagen. Murke war zu jung, hatte sich zu gebildet gefühlt, um das Wort Haß zu mögen. Hier aber, hinter der Glaswand, während Bur-Malottke seine Genitive sprach, wußte er plötzlich, was Haß ist: Er haßte diesen großen, dicken und schönen Menschen, dessen Bücher in zwei Millionen und dreihundertfünfzigtausend Kopien in Bibliotheken, Büchereien, Bücherschränken und Buchhandlungen herumlagen, und er dachte nicht eine Sekunde daran, diesen Haß zu unterdrücken. Murke schaltete sich, nachdem Bur-Malottke zwei Genitive gesprochen hatte, wieder ein, sagte ruhig: »Verzeihung, daß ich Sie unterbreche: Die Nominative waren ausgezeichnet, auch der erste Genitiv, aber bitte, vom zweiten Genitiv ab noch einmal; ein wenig weicher, ein wenig gelassener, ich spiel' es Ihnen mal rein.« Und er gab, obwohl Bur-Malottke heftig den Kopf schüttelte, dem Techniker ein Zeichen, das Band ins Studio zu spielen. Sie sahen, daß Bur-Malottke zusammenzuckte, noch heftiger schwitzte, sich dann die Ohren zuhielt, bis das Band durchgelaufen war. Er sagte etwas, fluchte, aber Murke und der Techniker hörten ihn nicht, sie hatten ihn ausgeschaltet. Kalt wartete Murke, bis er von Bur-Malottkes Lippen ablesen konnte, daß er wieder mit dem höheren Wesen begonnen hatte, er schaltete Mikrofon und Band ein, und Bur-Malottke fing mit den Dativen an: »Jenem höheren Wesen, das wir verehren.«

Nachdem er die Dative gesprochen hatte, knüllte er Murkes Zettel zusammen, erhob sich, in Schweiß gebadet und zornig, wollte zur Tür gehen; aber Murkes sanfte, liebenswürdige junge Stimme rief ihn zurück. Murke sagte: »Herr Professor, Sie haben den Vokativ vergessen.« Bur-Malottke warf ihm einen haßerfüllten Blick zu und sprach ins Mikrofon: »O du höheres Wesen, das wir verehren!«

Als er hinausgehen wollte, rief ihn abermals Murkes Stimme zurück. Murke sagte: »Verzeihen Sie, Herr Professor, aber in dieser Weise gesprochen, ist der Satz unbrauchbar.«

»Um Gottes willen«, flüsterte ihm der Techniker zu, »übertreiben Sie's nicht.«

Bur-Malottke war mit dem Rücken zur Glaskanzel an der Tür stehengeblieben, als sei er durch Murkes Stimme festgeklebt.

Er war, was er noch nie gewesen war: Er war ratlos, und

diese so junge, liebenswürdige, so maßlos intelligente Stimme peinigte ihn, wie ihn noch nie etwas gepeinigt hatte. Murke fuhr fort: »Ich kann es natürlich so in den Vortrag hineinkleben, aber ich erlaube mir, Sie darauf aufmerksam zu machen, Herr Professor, daß es nicht gut wirken wird.«

Bur-Malottke drehte sich um, ging wieder zum Mikrofon zurück und sagte leise und feierlich: »O du höheres Wesen, das wir verehren.«

Ohne sich nach Murke umzusehen, verließ er das Studio. Es war genau Viertel nach zehn, und er stieß in der Tür mit einer jungen, hübschen Frau zusammen, die Notenblätter in der Hand hielt. Die junge Frau war rothaarig und blühend, sie ging energisch zum Mikrofon, drehte es, rückte den Tisch zurecht, so daß sie frei vor dem Mikrofon stehen konnte.

In der Glaskanzel unterhielt sich Murke eine halbe Minute mit Huglieme, dem Redakteur der Unterhaltungsabteilung. Huglieme sagte, indem er auf die Zigarettenschachtel deutete: »Brauchen Sie das noch?« Und Murke sagte: »Ja, das brauche ich noch.« Drinnen sang die rothaarige junge Frau: »Nimm meine Lippen, so wie sie sind, und sie sind schön.« Huglieme schaltete sich ein und sagte ruhig ins Mikrofon: »Halt doch bitte noch für zwanzig Sekunden die Fresse, ich bin noch nicht ganz soweit.« Die junge Frau lachte, schürzte den Mund und sagte: »Du schwules Kamel.« Murke sagte zum Techniker: »Ich komme also um elf, dann schnippeln wir's auseinander und kleben es rein.«

»Müssen wir's nachher auch noch abhören?« fragte der Techniker. »Nein«, sagte Murke, »nicht um eine Million Mark höre ich es noch einmal ab.«

Der Techniker nickte, legte das Band für die rothaarige Sängerin ein, und Murke ging.

Er steckte eine Zigarette in den Mund, ließ sie unangezündet und ging durch den rückwärtigen Flur auf den zweiten Paternoster zu, der an der Südseite lag und zur Kantine hinunterführte. Die Teppiche, die Flure, die Möbel und Bilder, alles reizte ihn. Es waren schöne Teppiche, schöne Flure, schöne Möbel und geschmackvolle Bilder, aber er hatte plötzlich den Wunsch, das kitschige Herz-Jesu-Bildchen, das seine Mutter ihm geschickt hatte, hier irgendwo an der Wand zu sehen. Er blieb stehen, blickte um sich, lauschte, zog das Bildchen aus der Tasche und klemmte es zwischen Tapete und Türfüllung an die Tür des Hilfsregisseurs der Hörspielabteilung. Das Bildchen war bunt, grell, und unter der Abbildung des Herzens Jesu war zu lesen: *Ich betete für Dich in Sankt Jacobi.*

Murke ging weiter, stieg in den Paternoster und ließ sich nach unten tragen. Auf dieser Seite des Funkhauses waren die Schrörschnauzaschenbecher, die beim Preisausschreiben um die besten Aschenbecher den ersten Preis bekommen hatten, schon angebracht. Sie hingen neben den erleuchteten roten Zahlen, die das Stockwerk angaben: eine rote Vier, ein Schrörschnauzaschenbecher, eine rote Drei, ein Schrörschnauzaschenbecher, eine rote Zwei, ein Schrörschnauzaschenbecher. Es waren schöne, aus Kupfer getriebene, muschelförmige Aschenbecher, deren Stütze irgendein aus Kupfer getriebenes, originelles Meeresgewächs war: knotige Algen – und jeder Aschenbecher hatte zweihundertachtundfünfzig Mark und siebenundsiebzig Pfennig gekostet. Sie waren so schön, daß Murke noch nie den Mut gehabt hatte, sie mit seiner Zigarettenasche oder gar mit etwas Unästhetischem wie einer Kippe zu verunreinigen. Allen anderen Rauchern schien es ähnlich zu gehen – leere Zigarettenschachteln, Kippen und Asche lagen immer unter den schönen Aschenbechern auf dem Boden: Niemand schien den Mut zu finden, diese Aschenbecher wirklich als solche zu benutzen; kupfern waren sie, blank und immer leer.

Murke sah schon den fünften Aschenbecher neben der rot erleuchteten Null auf sich zukommen, die Luft wurde wärmer, es roch nach Speisen, Murke sprang ab und taumelte in die Kantine. In der Ecke saßen drei freie Mitarbeiter an einem Tisch. Eierbecher, Brotteller und Kaffeekannen standen um sie herum.

Die drei Männer hatten zusammen eine Hörfolge: ›Die Lunge, Organ des Menschen‹ verfaßt, hatten zusammen ihr Honorar abgeholt, zusammen gefrühstückt, tranken jetzt einen Schnaps miteinander und knobelten um den Steuerbeleg. Murke kannte einen von ihnen gut, Wendrich; aber Wendrich rief gerade heftig: »Kunst!« – »Kunst«, rief er noch einmal, »Kunst, Kunst!«, und Murke zuckte erschreckt zusammen, wie der Frosch, an dem Galvani die Elektrizität entdeckte. Murke hatte das Wort *Kunst* an den beiden letzten Tagen zu oft gehört, aus Bur-Malottkes Mund; es kam genau einhundertvierunddreißigmal in den beiden Vorträgen vor; und er hatte die Vorträge dreimal, also vierhundertzweimal das Wort *Kunst* gehört, zu oft, um Lust auf eine Unterhaltung darüber zu verspüren. Er drückte sich an der Theke vorbei in eine Laube in der entgegengesetzten Ecke der Kantine und atmete erleichtert auf, als die Laube frei war. Er setzte sich in den gelben Polstersessel, zündete die Zigarette an, und als Wulla kam, die Kellnerin, sagte er: »Bitte Apfelsaft« und war froh, daß Wulla gleich wieder verschwand. Er kniff die Augen zu, lauschte aber, ohne es zu wollen, auf das Gespräch der freien Mitarbeiter in der Ecke, die sich leidenschaftlich über Kunst zu streiten schienen; jedesmal, wenn einer von ihnen »Kunst« rief, zuckte Murke zusammen. Es ist, als ob man ausgepeitscht würde, dachte er.

Wulla, die ihm den Apfelsaft brachte, sah ihn besorgt an. Sie war groß und kräftig, aber nicht dick, hatte ein gesundes, fröhliches Gesicht, und während sie den Apfelsaft aus der Karaffe ins Glas goß, sagte sie: »Sie sollten Ihren Urlaub nehmen, Herr Doktor, und das Rauchen besser lassen.«

Früher hatte sie sich Wilfriede-Ulla genannt, dann aber den Namen der Einfachheit halber zu Wulla zusammengezogen. Sie hatte einen besonderen Respekt vor den Leuten von der kulturellen Abteilung.

»Lassen Sie mich in Ruhe«, sagte Murke, »bitte lassen Sie mich!«

»Und Sie sollten mal mit 'nem einfachen netten Mädchen ins Kino gehen«, sagte Wulla.

»Das werde ich heute abend tun«, sagte Murke, »ich verspreche es Ihnen.«

»Es braucht nicht gleich eins von den Flittchen zu sein«, sagte Wulla, »ein einfaches, nettes, ruhiges Mädchen mit Herz. Die gibt es immer noch.«

»Ich weiß«, sagte Murke, »es gibt sie, und ich kenne sogar eine.« Na also, dachte Wulla und ging zu den freien Mitarbeitern hinüber, von denen einer drei Schnäpse und drei Tassen Kaffee bestellt hatte. Die armen Herren, dachte Wulla, die Kunst macht sie noch ganz verrückt. Sie hatte ein Herz für die freien Mitarbeiter und war immer darauf aus, sie zur Sparsamkeit anzuhalten. Haben sie mal Geld, dachte sie, dann hauen sie's gleich auf den Kopf, und sie ging zur Theke und gab kopfschüttelnd dem Büfettier die Bestellung der drei Schnäpse und der drei Tassen Kaffee durch.

Murke trank von dem Apfelsaft, drückte die Zigarette in den Aschenbecher und dachte voller Angst an die Stunden zwischen elf und eins, in denen er Bur-Malottkes Sprüche auseinanderschneiden und an die richtigen Stellen in den Vorträgen hineinkleben mußte. Um zwei wollte der Intendant die beiden Vorträge in sein Studio gespielt haben. Murke dachte an Schmierseife, an Treppen, steile Treppen und Rutschbahnen, er dachte an die Vitalität des Intendanten, dachte an Bur-Malottke und erschrak, als er Schwendling in die Kantine kommen sah.

Schwendling hatte ein rot-schwarzes, großkariertes Hemd an und steuerte zielsicher auf die Laube zu, in der Murke sich verbarg. Schwendling summte den Schlager, der jetzt sehr beliebt war: »Nimm meine Lippen, so wie sie sind, und sie sind schön…«, stutzte, als er Murke sah, und sagte: »Na, du? Ich denke, du schneidest den Käse von Bur-Malottke zurecht.«

»Um elf geht es weiter«, sagte Murke.

»Wulla, ein Bier«, brüllte Schwendling zur Theke hin, »einen halben Liter. – Na«, sagte er zu Murke hin, »du hättest dafür 'nen Extraurlaub verdient, das muß ja gräßlich sein. Der Alte hat mir erzählt, worum es geht.«

Murke schwieg und Schwendling sagte: »Weißt du das Neueste von Muckwitz?«

Murke schüttelte erst uninteressiert den Kopf, fragte dann aus Höflichkeit: »Was ist denn mit ihm?«

Wulla brachte das Bier, Schwendling trank daran, blähte sich ein wenig und sagte langsam: »Muckwitz verfeaturt die Taiga.«

Murke lachte und sagte: »Was macht Fenn?«

»Der«, sagte Schwendling, »der verfeaturt die Tundra.«

»Und Weggucht?«

»Weggucht macht ein Feature über mich, und später mache ich eins über ihn nach dem Wahlspruch: Verfeature du mich; dann verfeature ich dich…«

Einer der freien Mitarbeiter war jetzt aufgesprungen und brüllte emphatisch in die Kantine hinein: »Kunst – Kunst – das allein ist es, worauf es ankommt.«

Murke duckte sich, wie ein Soldat sich duckt, der im feindlichen Schützengraben die Abschüsse der Granatwerfer gehört hat. Er trank noch einen Schluck Apfelsaft und zuckte wieder zusammen, als eine Stimme durch den Lautsprecher sagte: »Herr Doktor Murke wird im Studio dreizehn erwartet – Herr Doktor Murke wird im Studio dreizehn erwartet.« Er blickte auf die Uhr, es war erst halb elf, aber die Stimme fuhr unerbittlich fort: »Herr Doktor Murke wird im Studio dreizehn erwartet – Herr Doktor Murke wird im Studio dreizehn erwartet.« Der Lautsprecher hing über der Theke des Kantinenraumes, gleich unterhalb des Spruches, den der Intendant hatte an die Wand malen lassen: *Disziplin ist alles.*

»Na«, sagte Schwendling, »es nutzt nichts, geh.«

»Nein«, sagte Murke, »es nutzt nichts.« Er stand auf, legte Geld für den Apfelsaft auf den Tisch, drückte sich am Tisch der freien Mitarbeiter vorbei, stieg draußen in den Paternoster und ließ sich an den fünf Schrörschnauzaschenbechern vorbei wieder nach oben tragen. Er sah sein Herz-Jesu-Bildchen noch in der Türfüllung des Hilfsregisseurs geklemmt und dachte: »Gott sei Dank, jetzt ist wenigstens ein kitschiges Bild im Funkhaus.«

Er öffnete die Tür zur Kanzel des Studios, sah den Techniker allein und ruhig vor vier Pappkartons sitzen und fragte müde: »Was ist denn los?«

»Die waren früher fertig, als sie gedacht hatten, und wir haben eine halbe Stunde gewonnen«, sagte der Techniker, »ich dachte, es läge Ihnen vielleicht daran, die halbe Stunde auszunutzen.«

»Da liegt mir allerdings dran«, sagte Murke, »ich habe um eins eine Verabredung. Also fangen wir an. Was ist mit den Kartons?«

»Ich habe«, sagte der Techniker, »für jeden Kasus einen Karton – die Akkusative im ersten, im zweiten die Genitive, im dritten die Dative und in dem da« – er deutete auf den Karton, der am weitesten rechts stand, einen kleinen Karton, auf dem REINE SCHOKOLADE stand, und sagte: »und da drin liegen die beiden Vokative, in der rechten Ecke der gute, in der linken der schlechte.«

»Das ist großartig«, sagte Murke, »Sie haben den Dreck also schon auseinandergeschnitten.«

»Ja«, sagte der Techniker, »und wenn Sie sich die Reihenfolge notiert haben, in der die Fälle eingeklebt werden müssen, sind wir spätestens in 'ner Stunde fertig. Haben Sie sich's notiert?«

»Hab' ich«, sagte Murke. Er zog einen Zettel aus der Tasche, auf dem die Ziffern 1 bis 27 notiert waren; hinter jeder Ziffer stand ein Kasus. Murke setzte sich, hielt dem Techniker die Zigarettenschachtel hin; sie rauchten beide, während der Techniker die zerschnittenen Bänder mit Bur-Malottkes Vorträgen auf die Rolle legte.

»In den ersten Schnitt«, sagte Murke, »müssen wir einen Akkusativ einkleben.« Der Techniker griff in den ersten Karton, nahm einen der Bandschnippel und klebte ihn in die Lücke.

»In den zweiten«, sagte Murke, »'nen Dativ.«

Sie arbeiteten flink, und Murke war erleichtert, weil es so rasch ging.

»Jetzt«, sagte er, »kommt der Vokativ; natürlich nehmen wir den schlechten.«

Der Techniker lachte und klebte Bur-Malottkes schlechten Vokativ in das Band. »Weiter«, sagte er, »weiter!«

»Genitiv«, sagte Murke.

Der Intendant las gewissenhaft jeden Hörerbrief. Der, den er jetzt gerade las, hatte folgenden Wortlaut:

Lieber Rundfunk, gewiß hast Du keine treuere Hörerin als mich. Ich bin eine alte Frau, ein Mütterchen von siebenundsiebzig Jahren, und ich höre Dich seit dreißig Jahren täglich. Ich bin nie sparsam mit meinem Lob gewesen. Vielleicht entsinnst Du Dich meines Briefes über die Sendung: ›Die sieben Seelen der Kuh Kaweida.‹ Es war eine großartige Sendung – aber nun muß ich böse mit Dir werden! Die Vernachlässigung, die die Hundeseele im Rundfunk erfährt, wird allmählich empörend. Das nennst Du dann Humanismus. Hitler hatte bestimmt seine Nachteile: Wenn man alles glauben kann, was man so hört, war er ein garstiger Mensch, aber eins hatt' er: Er hatte ein Herz für Hunde und tat etwas für sie. Wann kommt der Hund endlich im deutschen Rundfunk wieder zu seinem Recht? So wie Du es in der Sendung ›Wie Katz und Hund‹ versucht hast, geht es jedenfalls nicht: Es war eine Beleidigung für jede Hundeseele. Wenn mein kleiner Lohengrin reden könnte, der würd's Dir sagen! Und gebellt hat er, der Liebe, während Deine mißglückte Sendung ablief, gebellt hat er, daß einem 's Herz aufgehen konnte vor Scham. Ich zahle meine zwei Mark im Monat wie jeder andere Hörer und mache von meinem Recht Gebrauch und stelle die Frage: Wann kommt die Hundeseele endlich im Rundfunk wieder zu ihrem Recht?

Freundlich – obwohl ich so böse mit Dir bin –

Deine Jadwiga Herchen, ohne Beruf

P. S. Sollte keiner von den zynischen Gesellen, die Du Dir zur Mitarbeit aussuchst, fähig sein, die Hundeseele in entsprechender Weise zu würdigen, so bediene Dich meiner bescheidenen Versuche, die ich Dir beilege. Aufs Honorar würde ich verzichten. Du kannst es gleich dem Tierschutzverein überweisen.

Beiliegend: 35 Manuskripte.

Deine J. H.

Der Intendant seufzte. Er suchte nach den Manuskripten, aber seine Sekretärin hatte sie offenbar schon wegsortiert. Der Intendant stopfte sich eine Pfeife, steckte sie an, leckte sich über die vitalen Lippen, hob den Telefonhörer und ließ sich mit Krochy verbinden. Krochy hatte ein winziges Stübchen mit einem winzigen, aber geschmackvollen Schreibtisch oben in der Abteilung Kulturwort und verwaltete ein Ressort, das so schmal war wie sein Schreibtisch: Das Tier in der Kultur.

»Krochy«, sagte der Intendant, als dieser sich bescheiden meldete, »wann haben wir zuletzt etwas über Hunde gebracht?«

»Über Hunde?« sagte Krochy, »Herr Intendant, ich glaube, noch nie, jedenfalls solange ich hier bin noch nicht.«

»Und wie lange sind Sie schon hier, Krochy?« Und Krochy oben in seinem Zimmer zitterte, weil die Stimme des Intendanten so sanft wurde; er wußte, daß nichts Gutes bevorstand, wenn diese Stimme sanft wurde.

»Zehn Jahre bin ich jetzt hier, Herr Intendant«, sagte Krochy.

»Es ist eine Schweinerei«, sagte der Intendant, »daß Sie noch nie etwas über Hunde gebracht haben, schließlich fällt es in Ihr Ressort. Wie hieß der Titel Ihrer letzten Sendung?«

»Meine letzte Sendung hieß«, stotterte Krochy.

»Sie brauchen den Satz nicht zu wiederholen«, sagte der Intendant, »wir sind nicht beim Militär.«

»Eulen im Gemäuer«, sagte Krochy schüchtern.

»Innerhalb der nächsten drei Wochen«, sagte der Intendant, nun wieder sanft, »möchte ich eine Sendung über die Hundeseele hören.«

»Jawohl«, sagte Krochy, er hörte den Klicks, mit dem der Intendant den Hörer aufgelegt hatte, seufzte tief und sagte: »O mein Gott!«

Der Intendant griff zum nächsten Hörerbrief.

In diesem Augenblick trat Bur-Malottke ein. Er durfte sich die Freiheit nehmen, jederzeit unangemeldet hereinzukommen, und er nahm sich diese Freiheit häufig. Er schwitzte noch, setzte sich müde auf einen Stuhl dem Intendanten gegenüber und sagte: »Guten Morgen also.«

»Guten Morgen«, sagte der Intendant und schob den Hörerbrief beiseite. »Was kann ich für Sie tun?«

»Bitte«, sagte Bur-Malottke, »schenken Sie mir eine Minute.«

»Bur-Malottke«, sagte der Intendant und machte eine großartige, vitale Geste, »braucht mich nicht um eine Minute zu bitten, Stunden, Tage stehen zu Ihrer Verfügung.«

»Nein«, sagte Bur-Malottke, »es handelt sich nicht um eine gewöhnliche Zeitminute, sondern um eine Sendeminute. Mein Vortrag ist durch die Änderung um eine Minute länger geworden.« Der Intendant wurde ernst, wie ein Satrap, der Provinzen verteilt. »Hoffentlich«, sagte er sauer, »ist es nicht eine politische Minute.«

»Nein«, sagte Bur-Malottke, »eine halbe lokale und eine halbe Unterhaltungsminute.«

»Gott sei Dank«, sagte der Intendant, »ich habe bei der

Unterhaltung noch neunundsiebzig Sekunden, bei den Lokalen noch dreiundachtzig Sekunden gut, gerne gebe ich einem Bur-Malottke eine Minute.«

»Sie beschämen mich«, sagte Bur-Malottke.

»Was kann ich sonst noch für Sie tun?« fragte der Intendant.

»Ich wäre Ihnen dankbar«, sagte Bur-Malottke, »wenn wir gelegentlich darangehen könnten, alle Bänder zu korrigieren, die ich seit 1945 besprochen habe. Eines Tages«, sagte er – er fuhr sich über die Stirn und blickte schwermütig auf den echten Brüller, der über des Intendanten Schreibtisch hing –, »eines Tages werde ich« – er stockte, denn die Mitteilung, die er dem Intendanten zu machen hatte, war zu schmerzlich für die Nachwelt –, »eines Tages werde ich – sterben werde ich –«, und er machte wieder eine Pause und gab dem Intendanten Gelegenheit, bestürzt auszusehen und abwehrend mit der Hand zu winken – »und es ist mir unerträglich, daran zu denken, daß nach meinem Tode möglicherweise Bänder ablaufen, auf denen ich Dinge sage, von denen ich nicht mehr überzeugt war. Besonders zu politischen Äußerungen habe ich mich im Eifer des fünfundvierziger Jahres hinreißen lassen, zu Äußerungen, die mich heute mit starken Bedenken erfüllen und die ich nur auf das Konto jener Jugendlichkeit setzen kann, die von jeher mein Werk ausgezeichnet hat. Die Korrekturen meines geschriebenen Werkes laufen bereits an, ich möchte Sie bitten, mir bald die Gelegenheit zu geben, auch mein gesprochenes Werk zu korrigieren.«

Der Intendant schwieg, hüstelte nur leicht, und kleine, sehr helle Schweißtröpfchen zeigten sich auf seiner Stirn: Es fiel ihm ein, daß Bur-Malottke seit 1945 jeden Monat mindestens eine Stunde gesprochen hatte, und er rechnete flink, während Bur-Malottke weitersprach: Zwölf Stunden mal zehn waren einhundertzwanzig Stunden gesprochenen Bur-Malottkes.

»Pedanterie«, sagte Bur-Malottke, »wird ja nur von unsauberen Geistern als des Genies unwürdig bezeichnet, wir wissen ja« – und der Intendant fühlte sich geschmeichelt, durch das Wir unter die sauberen Geister eingereiht zu sein –, »daß die wahren, die großen Genies Pedanten waren. Himmelsheim ließ einmal eine ganze, ausgedruckte Auflage seines ›Seelon‹ auf eigene Kosten neu binden, weil drei oder vier Sätze in der Mitte dieses Werkes ihm nicht mehr entsprechend erschienen. Der Gedanke, daß Vorträge von mir gesendet werden können, von denen ich nicht mehr überzeugt war, als ich das Zeitliche segnete – der Gedanke ist mir unerträglich. Welche Lösung würden Sie vorschlagen?«

Die Schweißtropfen auf der Stirn des Intendanten waren größer geworden. »Es müßte«, sagte er leise, »erst einmal eine genaue Aufstellung aller von Ihnen gesprochenen Sendungen gemacht und dann im Archiv nachgesehen werden, ob diese Bänder noch alle dort sind.«

»Ich hoffe«, sagte Bur-Malottke, »daß man keins der Bänder gelöscht hat, ohne mich zu verständigen. Man hat mich nicht verständigt, also hat man kein Band gelöscht.«

»Ich werde alles veranlassen«, sagte der Intendant.

»Ich bitte darum«, sagte Bur-Malottke spitz und stand auf. »Guten Morgen.«

»Guten Morgen«, sagte der Intendant und geleitete Bur-Malottke zur Tür.

Die freien Mitarbeiter in der Kantine hatten sich entschlossen, ein Mittagessen zu bestellen. Sie hatten noch mehr Schnaps getrunken, sprachen immer noch über Kunst, ihr Gespräch war ruhiger, aber nicht weniger leidenschaftlich geworden. Sie sprangen alle erschrocken auf, als plötzlich Wanderburn in die Kantine trat. Wanderburn war ein großer, melancholisch aussehender Dichter mit dunklem Haar, einem sympathischen Gesicht, das ein wenig vom Stigma des Ruhmes gekerbt war. Er war an diesem Tage unrasiert und sah deshalb noch sympathischer aus. Er ging auf den Tisch der drei freien Mitarbeiter zu, setzte sich erschöpft hin und sagte: »Kinder, gebt mir etwas zu trinken. In diesem Hause habe ich immer das Gefühl, zu verdursten.«

Sie gaben ihm zu trinken, einen Schnaps, der noch dastand, und den Rest aus einer Sprudelflasche. Wanderburn trank, setzte das Glas ab, blickte die drei Männer der Reihe nach an und sagte: »Ich warne Sie vor dem Funk, vor diesem Scheißkasten – vor diesem geleckten, geschniegelten, aalglatten Scheißkasten. Ich warne Sie. Er macht uns alle kaputt.«

Seine Warnung war aufrichtig und beeindruckte die drei jungen Männer sehr; aber die drei jungen Männer wußten nicht, daß Wanderburn gerade von der Kasse kam, wo er sich viel Geld als Honorar für eine leichte Bearbeitung des Buches Hiob abgeholt hatte.

»Sie schneiden uns«, sagte Wanderburn, »zehren unsere Substanz auf, kleben uns, und wir alle werden es nicht aushalten.«

Er trank den Sprudel aus, setzte das Glas auf den Tisch und schritt mit melancholisch wehendem Mantel zur Tür.

Punkt zwölf war Murke mit dem Kleben fertig. Sie hatten den letzten Schnippel, einen Dativ, gerade eingeklebt, als Murke aufstand. Er hatte schon die Türklinke in der Hand, da sagte der Techniker: »Ein so empfindliches und kostspieliges Gewissen möcht' ich auch mal haben. Was machen wir mit der Dose?« Er zeigte auf die Zigarettenschachtel, die oben im Regal zwischen den Kartons mit neuen Bändern stand.

»Lassen Sie sie stehen«, sagte Murke.

»Wozu?«

»Vielleicht brauchen wir sie noch.«

»Halten Sie's für möglich, daß er wieder Gewissensqualen bekommt?«

»Nicht unmöglich«, sagte Murke, »warten wir besser ab. Auf Wiedersehen.« Er ging zum vorderen Paternoster, ließ sich zum zweiten Stock hinuntertragen und betrat erstmals an diesem Tage sein Büro. Die Sekretärin war zum Essen gegangen, Murkes Chef, Humkoke, saß am Telefon und las in einem Buch. Er lächelte Murke zu, stand auf und sagte: »Na, Sie leben ja noch. Ist dies Buch Ihres? Haben Sie es auf den Schreibtisch gelegt?« Er hielt Murke den Titel hin, und Murke sagte: »Ja, es ist meins.« Das Buch hatte einen grün-grau-orangefarbenen Schutzumschlag, hieß ›Batley's Lyrik-Kanal‹; es handelte von einem jungen englischen Dichter, der vor hundert Jahren einen Katalog des Londoner Slangs angelegt hatte.

»Es ist ein großartiges Buch«, sagte Murke.

»Ja«, sagte Humkoke, »es ist großartig, aber Sie lernen es nie.«

Murke sah ihn fragend an.

»Sie lernen es nie, daß man großartige Bücher nicht auf dem Tisch herumliegen läßt, wenn Wanderburn erwartet wird, und Wanderburn wird immer erwartet. Der hat es natürlich gleich erspäht, es aufgeschlagen, fünf Minuten darin gelesen, und was ist die Folge?«

Murke schwieg.

»Die Folge ist«, sagte Humkoke, »zwei einstündige Sendungen von Wanderburn über ›Batley's Lyrik-Kanal‹. Dieser Bursche wird uns eines Tages noch seine eigene Großmutter als Feature servieren, und das Schlimme ist eben, daß eine seiner Großmütter auch meine war. Bitte, Murke, merken Sie sich: nie großartige Bücher auf den Tisch, wenn Wanderburn erwartet wird, und ich wiederhole, er wird immer erwartet. – So, und nun gehen Sie, Sie haben den Nachmittag frei, und ich nehme an, daß Sie den freien Nachmittag verdient haben. – Ist der Kram fertig? Haben Sie ihn noch einmal abgehört?«

»Ich habe alles fertig«, sagte Murke, »aber abhören kann ich die Vorträge nicht mehr, ich kann es einfach nicht.«

»›Ich kann es einfach nicht‹ ist eine sehr kindliche Redewendung«, sagte Humkoke.

»Wenn ich das Wort Kunst heute noch einmal hören muß, werde ich hysterisch«, sagte Murke.

»Sie sind es schon«, sagte Humkoke, »und ich billige

Ihnen sogar zu, daß Sie Grund haben, es zu sein. Drei Stunden Bur-Malottke, das haut hin, das schmeißt den stärksten Mann um, und Sie sind nicht einmal ein starker Mann.« Er warf das Buch auf den Tisch, kam einen Schritt auf Murke zu und sagte: »Als ich in Ihrem Alter war, hatte ich einmal eine vierstündige Hitlerrede um drei Minuten zu schneiden, und ich mußte mir die Rede dreimal anhören, ehe ich würdig war, vorzuschlagen, welche drei Minuten herausgeschnitten werden sollten. Als ich anfing, das Band zum erstenmal zu hören, war ich noch ein Nazi, aber als ich die Rede zum drittenmal durch hatte, war ich kein Nazi mehr; es war eine harte, eine schreckliche, aber sehr wirksame Kur.«

»Sie vergessen«, sagte Murke leise, »daß ich von Bur-Malottke schon geheilt war, bevor ich seine Bänder hören mußte.«

»Sie sind doch eine Bestie«, sagte Humkoke lachend, »gehen Sie, der Intendant hört es sich um zwei noch einmal an. Sie müssen nur erreichbar sein, falls etwas passiert.«

»Von zwei bis drei bin ich zu Hause«, sagte Murke.

»Noch etwas«, sagte Humkoke und zog eine gelbe Keksdose aus einem Regal, das neben Murkes Schreibtisch stand, »was für Bandschnippel haben Sie in dieser Dose?«

Murke wurde rot. »Es sind«, sagte er, »ich sammle eine bestimmte Art von Resten.«

»Welche Art Reste?« fragte Humkoke.

»Schweigen«, sagte Murke, »ich sammle Schweigen.«

Humkoke sah ihn fragend an, und Murke fuhr fort: »Wenn ich Bänder zu schneiden habe, wo die Sprechenden manchmal eine Pause gemacht haben – auch Seufzer, Atemzüge, absolutes Schweigen –, das werfe ich nicht in den Abfallkorb, sondern das sammle ich. Bur-Malottkes Bänder übrigens gaben nicht eine Sekunde Schweigen her.«

Humkoke lachte: »Natürlich, der wird doch nicht schweigen. – Und was machen Sie mit den Schnippeln?«

»Ich klebe sie aneinander und spiele mir das Band vor, wenn ich abends zu Hause bin. Es ist noch nicht viel, ich habe erst drei Minuten – aber es wird ja auch nicht viel geschwiegen.«

»Ich muß Sie darauf aufmerksam machen, daß es verboten ist, Teile von Bändern mit nach Hause zu nehmen.«

»Auch Schweigen?« fragte Murke.

Humkoke lachte und sagte: »Nun gehen Sie!« Und Murke ging.

Als der Intendant wenige Minuten nach zwei in sein Studio kam, war der Bur-Malottke-Vortrag eben angelaufen: »…und wo immer, wie immer, warum immer und wann immer wir das Gespräch über das Wesen der Kunst beginnen, müssen wir zuerst auf jenes höhere Wesen, das wir verehren, blicken, müssen uns in Ehrfurcht vor jenem höheren Wesen, das wir verehren, beugen und müssen die Kunst dankbar als ein Geschenk jenes höheren Wesens, das wir verehren, entgegennehmen. Die Kunst…«

Nein, dachte der Intendant, ich kann wirklich keinem Menschen zumuten, einhundertzwanzig Stunden Bur-Malottke abzuhören. Nein, dachte er, es gibt Dinge, die man einfach nicht machen kann, die ich nicht einmal Murke gönne. Er ging in sein Arbeitszimmer zurück, schaltete dort den Lautsprecher an und hörte gerade Bur-Malottke sagen: »O, du höheres Wesen, das wir verehren…« Nein, dachte der Intendant, nein, nein.

Murke lag zu Hause auf seiner Couch und rauchte. Neben ihm auf einem Stuhl stand eine Tasse Tee, und Murke blickte gegen die weiße Decke des Zimmers. An seinem Schreibtisch saß ein bildschönes blondes Mädchen, das starr zum Fenster hinaus auf die Straße blickte. Zwischen Murke und dem Mädchen, auf einem Rauchtisch, stand ein Bandgerät, das auf Aufnahme gestellt war. Kein Wort wurde gesprochen, kein Laut fiel. Man hätte das Mädchen für ein Fotomodell halten können, so schön und so stumm war es.

»Ich kann nicht mehr«, sagte das Mädchen plötzlich,

»ich kann nicht mehr, es ist unmenschlich, was du verlangst. Es gibt Männer, die unsittliche Sachen von einem Mädchen verlangen, aber ich meine fast, was du von mir verlangst, wäre noch unsittlicher als die Sachen, die andere Männer von einem Mädchen verlangen.«

Murke seufzte. »Mein Gott«, sagte er, »liebe Rina, das muß ich alles wieder rausschneiden, sei doch vernünftig, sei lieb und beschweige mir wenigstens noch fünf Minuten Band.«

»Beschweigen«, sagte das Mädchen, und sie sagte es auf eine Weise, die man vor dreißig Jahren »unwirsch« genannt hätte. »Beschweigen, das ist auch so eine Erfindung von dir. Ein Band besprechen würde ich mal gern – aber beschweigen…«

Murke war aufgestanden und hatte den Bandapparat abgestellt. »Ach Rina«, sagte er, »wenn du wüßtest, wie kostbar mir dein Schweigen ist. Abends, wenn ich müde bin, wenn ich hier sitzen muß, lasse ich mir dein Schweigen ablaufen. Bitte sei nett und beschweige mir wenigstens noch drei Minuten und erspare mir das Schneiden; du weißt doch, was Schneiden für mich bedeutet.«

»Meinetwegen«, sagte das Mädchen, »aber gib mir wenigstens eine Zigarette.«

Murke lächelte, gab ihr eine Zigarette und sagte: »So habe ich dein Schweigen im Original und auf Band, das ist großartig.« Er stellte das Band wieder ein, und beide saßen schweigend einander gegenüber, bis das Telefon klingelte. Murke stand auf, zuckte hilflos die Achseln und nahm den Hörer auf.

»Also«, sagte Humkoke, »die Vorträge sind glatt durchgelaufen, der Chef hat nichts Negatives gesagt… Sie können ins Kino gehen. – Und denken Sie an den Schnee.«

»An welchen Schnee?« fragte Murke und blickte hinaus auf die Straße, die in der grellen Sommersonne lag.

»Mein Gott«, sagte Humkoke, »Sie wissen doch, daß wir jetzt anfangen müssen, an das Winterprogramm zu denken. Ich brauche Schneelieder, Schneegeschichten –

wir können doch nicht immer und ewig auf Schubert und Stifter herumhocken. – Kein Mensch scheint zu ahnen, wie sehr es uns gerade an Schneeliedern und Schneegeschichten fehlt. Stellen Sie sich einmal vor, wenn es einen harten und langen Winter mit viel Schnee und Kälte gibt: Wo nehmen wir unsere Schneesendungen her? Lassen Sie sich irgend etwas Schneeiges einfallen.«

»Ja«, sagte Murke, »ich lasse mir etwas einfallen.« Humkoke hatte eingehängt.

»Komm«, sagte er zu dem Mädchen, »wir können ins Kino gehen.«

»Darf ich jetzt wieder sprechen«, sagte das Mädchen. »Ja«, sagte Murke, »sprich!«

Um diese Zeit hatte der Hilfsregisseur der Hörspielabteilung das Kurzhörspiel, das am Abend laufen sollte, noch einmal abgehört. Er fand es gut, nur der Schluß hatte ihn nicht befriedigt. Er saß in der Glaskanzel des Studios dreizehn neben dem Techniker, kaute an einem Streichholz und studierte das Manuskript.

»(Akustik in einer großen leeren Kirche)
Atheist: (spricht laut und klar) Wer denkt noch an mich, wenn ich der Würmer Raub geworden bin?
(Schweigen)
Atheist: (um eine Nuance lauter sprechend) Wer wartet auf mich, wenn ich wieder zu Staub geworden bin?
(Schweigen)
Atheist: (noch lauter) Und wer denkt noch an mich, wenn ich wieder zu Laub geworden bin?
(Schweigen)«

Es waren zwölf solcher Fragen, die der Atheist in die Kirche hineinschrie, und hinter jeder Frage stand? Schweigen.

Der Hilfsregisseur nahm das durchgekaute Streichholz aus dem Mund, steckte ein frisches in den Mund und sah den Techniker fragend an.

»Ja«, sagte der Techniker, »wenn Sie mich fragen: Ich finde, es ist ein bißchen viel Schweigen drin.«

»Das fand ich auch«, sagte der Hilfsregisseur, »sogar der Autor findet es und hat mich ermächtigt, es zu ändern. Es soll einfach eine Stimme sagen: Gott – aber es müßte eine Stimme ohne die Akustik der Kirche sein, sie müßte sozusagen in einem anderen akustischen Raum sprechen. Aber sagen Sie mir, wo krieg' ich jetzt die Stimme her?«

Der Techniker lächelte, griff nach der Zigarettendose, die immer noch oben im Regal stand. »Hier«, sagte er, »hier ist eine Stimme, die in einem akustikfreien Raum ›Gott‹ sagt.«

Der Hilfsregisseur schluckte vor Überraschung das Streichholz hinunter, würgte ein wenig und hatte es wieder vorn im Mund. »Es ist ganz harmlos«, sagte der Techniker lächelnd, »wir haben es aus einem Vortrag herausschneiden müssen, siebenundzwanzigmal.«

»So oft brauche ich es gar nicht, nur zwölfmal«, sagte der Hilfsregisseur.

»Es ist natürlich einfach«, sagte der Techniker, »das Schweigen rauszuschneiden und zwölfmal Gott reinzukleben – wenn Sie's verantworten können.«

»Sie sind ein Engel«, sagte der Hilfsregisseur, »und ich kann es verantworten. Los, fangen wir an.« Er blickte glücklich auf die sehr kleinen, glanzlosen Bandschnippel in Murkes Zigarettenschachtel. »Sie sind wirklich ein Engel«, sagte er, »los, gehen wir ran!«

Der Techniker lächelte, denn er freute sich auf die Schnippel Schweigen, die er Murke würde schenken können: Es war viel Schweigen, im ganzen fast eine Minute; so viel Schweigen hatte er Murke noch nie schenken können, und er mochte den jungen Mann.

»Schön«, sagte er lächelnd, »fangen wir an.«

Der Hilfsregisseur griff in seine Rocktasche, nahm seine Zigarettenschachtel heraus; er hatte aber gleichzeitig ein zerknittertes Zettelchen gepackt, glättete es und hielt es dem Techniker hin: »Ist es nicht komisch, was für kitschige Sachen man im Funkhaus finden kann? Das habe ich an meiner Tür gefunden.«

Der Techniker nahm das Bild, sah es sich an und sagte: »Ja, komisch«, und er las laut, was darunter stand: *Ich betete für Dich in Sankt Jacobi.*

Ich weiß nicht, wie es hat geschehen können; schließlich bin ich kein Kind mehr, bin fast fünfzig Jahre und hätte wissen müssen, was ich tat – und hab's doch getan, noch dazu, als ich schon Feierabend hatte und mir eigentlich nichts mehr hätte passieren können. Aber es ist passiert, und so hat mir der Heilige Abend die Kündigung beschert. Alles war reibungslos verlaufen: Ich hatte beim Dinner serviert, kein Glas umgeworfen, keine Soßenschüssel umgestoßen, keinen Rotwein verschüttet, mein Trinkgeld kassiert und mich auf mein Zimmer zurückgezogen, Rock und Krawatte aufs Bett geworfen, die Hosenträger von den Schultern gestreift, meine Flasche Bier geöffnet, hob gerade den Deckel von der Terrine und roch: Erbsensuppe. Die hatte ich mir beim Koch bestellt, mit Speck, ohne Zwiebeln, aber sämig, sämig. Sie wissen sicher nicht, was sämig ist; es würde zu lange dauern, wenn ich es Ihnen erklären wollte: Meine Mutter brauchte drei Stunden, um zu erklären, was sie unter sämig verstand. Na, die Suppe roch herrlich, und ich tauchte die Schöpfkelle ein, füllte meinen Teller, spürte und sah, daß die Suppe richtig sämig war – da ging meine Zimmertür auf, und herein kam der Bengel, der mir beim Dinner aufgefallen war: klein, blaß, bestimmt nicht älter als acht, hatte sich den Teller hoch füllen und alles, ohne es anzurühren, wieder abservieren lassen: Truthahn und Kastanien, Trüffeln und Kalbfleisch, nicht mal vom Nachtisch, den doch kein Kind vorübergehen läßt, hatte er auch nur einen Löffel gekostet, ließ sich fünf halbe Birnen und 'nen halben Eimer Schokoladensoße auf den Teller kippen und rührte nichts, aber auch nichts an und sah doch dabei nicht mäklig aus, sondern wie jemand, der nach einem bestimmten Plan handelt. Leise schloß er die Tür hinter sich und blickte auf meinen Teller, dann mich an: »Was ist denn das?« fragte er. »Das ist

Es wird etwas geschehen

Eine handlungsstarke Geschichte

Zu den merkwürdigsten Abschnitten meines Lebens gehört wohl der, den ich als Angestellter in Alfred Wunsiedels Fabrik zubrachte. Von Natur bin ich mehr dem Nachdenken und dem Nichtstun zugeneigt als der Arbeit, doch hin und wieder zwingen mich anhaltende finanzielle Schwierigkeiten – denn Nachdenken bringt sowenig ein wie Nichtstun –, eine sogenannte Stelle anzunehmen. Wieder einmal auf einem solchen Tiefpunkt angekommen, vertraute ich mich der Arbeitsvermittlung an und wurde mit sieben anderen Leidensgenossen in Wunsiedels Fabrik geschickt, wo wir einer Eignungsprüfung unterzogen werden sollten.

Schon der Anblick der Fabrik machte mich mißtrauisch: Die Fabrik war ganz aus Glasziegeln gebaut, und meine Abneigung gegen helle Gebäude und helle Räume ist so stark wie meine Abneigung gegen die Arbeit. Noch mißtrauischer wurde ich, als uns in der hellen, fröhlich ausgemalten Kantine gleich ein Frühstück serviert wurde: Hübsche Kellnerinnen brachten uns Eier, Kaffee und Toaste, in geschmackvollen Karaffen stand Orangensaft; Goldfische drückten ihre blasierten Gesichter gegen die Wände hellgrüner Aquarien. Die Kellnerinnen waren so fröhlich, daß sie vor Fröhlichkeit fast zu platzen schienen. Nur starke Willensanstrengung – so schien mir – hielt sie davon zurück, dauernd zu trällern. Sie waren mit ungesungenen Liedern so angefüllt wie Hühner mit ungelegten Eiern.

Ich ahnte gleich, was meine Leidensgenossen nicht zu ahnen schienen; daß auch dieses Frühstück zur Prüfung gehöre; und so kaute ich hingebungsvoll, mit dem vollen Bewußtsein eines Menschen, der genau weiß, daß er seinem Körper wertvolle Stoffe zuführt. Ich tat etwas, wozu mich normalerweise keine Macht dieser Welt bringen würde: Ich trank auf den nüchternen Magen Orangensaft, ließ den Kaffee und ein Ei stehen, den größten Teil des Toast liegen, stand auf und marschierte handlungsschwanger in der Kantine auf und ab.

So wurde ich als erster in den Prüfungsraum geführt, wo auf reizenden Tischen die Fragebogen bereitlagen. Die Wände waren in einem Grün getönt, das Einrichtungsfanatikern das Wort »entzückend« auf die Lippen gezaubert hätte. Niemand war zu sehen, und doch war ich so sicher, beobachtet zu werden, daß ich mich benahm, wie ein Handlungsschwangerer sich benimmt, wenn er sich unbeobachtet glaubt: Ungeduldig riß ich meinen Füllfederhalter aus der Tasche, schraubte ihn auf, setzte mich an den nächstbesten Tisch und zog den Fragebogen an mich heran, wie Choleriker Wirtshausrechnungen zu sich hinziehen.

Erste Frage: Halten Sie es für richtig, daß der Mensch nur zwei Arme, zwei Beine, Augen und Ohren hat?

Hier erntete ich zum ersten Male die Früchte meiner Nachdenklichkeit und schrieb ohne Zögern hin: »Selbst vier Arme, Beine, Ohren würden meinem Tatendrang nicht genügen. Die Ausstattung des Menschen ist kümmerlich.«

Zweite Frage: Wieviel Telefone können Sie gleichzeitig bedienen?

Auch hier war die Antwort so leicht wie die Lösung einer Gleichung ersten Grades. »Wenn es nur sieben Telefone sind«, schrieb ich, »werde ich ungeduldig, erst bei neun fühle ich mich vollkommen ausgelastet.«

Dritte Frage: Was machen Sie nach Feierabend?

Meine Antwort: »Ich kenne das Wort Feierabend nicht mehr – an meinem fünfzehnten Geburtstag strich ich es aus meinem Vokabular, denn am Anfang war die Tat.«

Ich bekam die Stelle. Tatsächlich fühlte ich mich sogar mit den neun Telefonen nicht ganz ausgelastet. Ich rief in die Muscheln der Hörer: »Handeln Sie sofort!« oder: »Tun Sie etwas! – Es muß etwas geschehen – Es wird etwas geschehen – Es ist etwas geschehen – Es sollte etwas geschehen.« Doch meistens – denn das schien mir der Atmosphäre gemäß – bediente ich mich des Imperativs.

Interessant waren die Mittagspausen, wo wir in der Kantine, von lautloser Fröhlichkeit umgeben, vitaminreiche Speisen aßen. Es wimmelte in Wunsiedels Fabrik von Leuten, die verrückt darauf waren, ihren Lebenslauf zu erzählen, wie eben handlungsstarke Persönlichkeiten es gern tun. Ihr Lebenslauf ist ihnen wichtiger als ihr Leben, man braucht nur auf einen Knopf zu drücken, und schon erbrechen sie ihn in Ehren.

Wunsiedels Stellvertreter war ein Mann mit Namen Broschek, der seinerseits einen gewissen Ruhm erworben hatte, weil er als Student sieben Kinder und eine gelähmte Frau durch Nachtarbeit ernährt, zugleich vier Handelsvertretungen erfolgreich ausgeübt und dennoch innerhalb von zwei Jahren zwei Staatsprüfungen mit Auszeichnung bestanden hatte. Als ihn Reporter gefragt hatten: »Wann schlafen Sie denn, Broschek?«, hatte er geantwortet: »Schlafen ist Sünde!«

Wunsiedels Sekretärin hatte einen gelähmten Mann und vier Kinder durch Stricken ernährt, hatte gleichzeitig in Psychologie und Heimatkunde promoviert, Schäferhunde gezüchtet und war als Barsängerin unter dem Namen »Vamp 7« berühmt geworden.

Wunsiedel selbst war einer von den Leuten, die morgens, kaum erwacht, schon entschlossen sind, zu handeln. »Ich muß handeln«, denken sie, während sie energisch den Gürtel des Bademantels zuschnüren. »Ich muß handeln«, denken sie, während sie sich rasieren, und sie blicken triumphierend auf die Barthaare, die sie mit dem Seifenschaum von ihrem Rasierapparat abspülen: Diese Reste der Behaarung sind die ersten Opfer ihres Tatendranges. Auch die intimeren Verrichtungen lösen Befriedigung bei diesen Leuten aus: Wasser rauscht, Papier wird verbraucht. Es ist etwas geschehen. Brot wird gegessen, dem Ei wird der Kopf abgeschlagen.

Die belangloseste Tätigkeit sah bei Wunsiedel wie eine Handlung aus: wie er den Hut aufsetzte, wie er – bebend vor Energie – den Mantel zuknöpfte, der Kuß, den er seiner Frau gab, alles war Tat.

Wenn er sein Büro betrat, rief er seiner Sekretärin als Gruß zu: »Es muß etwas geschehen!« Und diese rief frohen Mutes: »Es wird etwas geschehen!« Wunsiedel ging dann von Abteilung zu Abteilung, rief sein fröhliches: »Es muß etwas geschehen!« Alle antworteten: »Es wird etwas geschehen!« Und auch ich rief ihm, wenn er mein Zimmer betrat, strahlend zu: »Es wird etwas geschehen!«

Innerhalb der ersten Woche steigerte ich die Zahl der bedienten Telefone auf elf, innerhalb der zweiten Woche auf dreizehn, und es machte mir Spaß, morgens in der Straßenbahn neue Imperative zu erfinden oder das Verbum *geschehen* durch die verschiedenen Tempora, durch die verschiedenen Genera, durch Konjunktiv und Indikativ zu hetzen; zwei Tage lang sagte ich nur den einen Satz, weil ich ihn so schön fand: »Es hätte etwas geschehen müssen«, zwei weitere Tage lang einen anderen: »Das hätte nicht geschehen dürfen.«

So fing ich an, mich tatsächlich ausgelastet zu fühlen, als wirklich etwas geschah. An einem Dienstagmorgen – ich hatte mich noch gar nicht richtig zurechtgesetzt – stürzte Wunsiedel in mein Zimmer und rief sein »Es muß etwas geschehen!« Doch etwas Unerklärliches auf seinem Gesicht ließ mich zögern, fröhlich und munter, wie es vorgeschrieben war, zu antworten: »Es wird etwas geschehen!« Ich zögerte wohl zu lange, denn Wunsiedel, der sonst selten schrie, brüllte mich an: »Antworten Sie! Antworten Sie, wie es vorgeschrieben ist!« Und ich antwortete leise und widerstrebend wie ein Kind, das man zu sagen zwingt: Ich bin ein böses Kind. Nur mit großer Anstrengung brachte ich den Satz heraus: »Es wird etwas geschehen«, und kaum hatte ich ihn ausgesprochen, da geschah tatsächlich etwas: Wunsiedel stürzte zu Boden, rollte im Stürzen auf die Seite und lag quer vor der offenen Tür. Ich wußte gleich, was sich mir bestätigte, als ich langsam um meinen Tisch herum auf den Liegenden zuging: daß er tot war.

Kopfschüttelnd stieg ich über Wunsiedel hinweg, ging langsam durch den Flur zu Broscheks Zimmer und trat dort ohne anzuklopfen ein. Broschek saß an seinem Schreibtisch, hatte in jeder Hand einen Telefonhörer, im Mund einen Kugelschreiber, mit dem er Notizen auf einen Block schrieb, während er mit den bloßen Füßen eine Strickmaschine bediente, die unter dem Schreibtisch stand. Auf diese Weise trägt er dazu bei, die Bekleidung seiner Familie zu vervollständigen.

»Es ist etwas geschehen«, sagte ich leise.

Broschek spuckte den Kugelstift aus, legte die beiden Hörer hin, löste zögernd seine Zehen von der Strickmaschine.

»Was ist denn geschehen?« fragte er.

»Herr Wundsiedel ist tot«, sagte ich.

»Nein«, sagte Broschek.

»Doch«, sagte ich, »kommen Sie!«

»Nein«, sagte Broschek, »das ist unmöglich«, aber er schlüpfte in seine Pantoffeln und folgte mir über den Flur.

»Nein«, sagte er, als wir an Wunsiedels Leiche standen, »nein, nein!« Ich widersprach ihm nicht. Vorsichtig drehte ich Wunsiedel auf den Rücken, drückte ihm die Augen zu und betrachtete ihn nachdenklich.

Ich empfand fast Zärtlichkeit für ihn, und zum ersten Male wurde mir klar, daß ich ihn nie gehaßt hatte. Auf seinem Gesicht war etwas, wie es auf den Gesichtern der Kinder ist, die sich hartnäckig weigern, ihren Glauben an den Weihnachtsmann aufzugeben, obwohl die Argumente der Spielkameraden so überzeugend klingen.

»Nein«, sagte Broschek, »nein.«

»Es muß etwas geschehen«, sagte ich leise zu Broschek.

»Ja«, sagte Broschek, »es muß etwas geschehen.«

Es geschah etwas: Wunsiedel wurde beerdigt, und ich wurde ausersehen, einen Kranz künstlicher Rosen hinter seinem Sarg herzutragen, denn ich bin nicht nur mit einem

Hang zur Nachdenklichkeit und zum Nichtstun ausgestattet, sondern auch mit einer Gestalt und einem Gesicht, die sich vorzüglich für schwarze Anzüge eignen. Offenbar habe ich – mit dem Kranz künstlicher Rosen in der Hand hinter Wunsiedels Sarg hergehend – großartig ausgesehen. Ich erhielt das Angebot eines eleganten Beerdigungsinstitutes, dort als berufsmäßiger Trauernder einzutreten. »Sie sind der geborene Trauernde«, sagte der Leiter des Instituts, »die Garderobe bekommen Sie gestellt. Ihr Gesicht – einfach großartig!«

Ich kündigte Broschek mit der Begründung, daß ich mich dort nicht richtig ausgelastet fühle, daß Teile meiner Fähigkeiten trotz der dreizehn Telefone brachlägen. Gleich nach meinem ersten berufsmäßigen Trauergang wußte ich: Hierhin gehörst du, das ist der Platz, der für dich bestimmt ist.

Nachdenklich stehe ich hinter dem Sarg in der Trauerkapelle, mit einem schlichten Blumenstrauß in der Hand, während Händels ›Largo‹ gespielt wird, ein Musikstück, das viel zu wenig geachtet ist. Das Friedhofscafé ist mein Stammlokal, dort verbringe ich die Zeit zwischen meinen beruflichen Auftritten, doch manchmal gehe ich auch hinter Särgen her, zu denen ich nicht beordert bin, kaufe aus meiner Tasche einen Blumenstrauß und geselle mich zu dem Wohlfahrtsbeamten, der hinter dem Sarg eines Heimatlosen hergeht. Hin und wieder auch besuche ich Wunsiedels Grab, denn schließlich verdanke ich es ihm, daß ich meinen eigentlichen Beruf entdeckte, einen Beruf, bei dem Nachdenklichkeit geradezu erwünscht und Nichtstun meine Pflicht ist.

Spät erst fiel mir ein, daß ich mich nie für den Artikel interessiert habe, der in Wunsiedels Fabrik hergestellt wurde. Es wird wohl Seife gewesen sein.

Wie in schlechten Romanen

Für den Abend hatten wir die Zumpens eingeladen, nette Leute, deren Bekanntschaft ich meinem Schwiegervater verdanke; seit unserer Hochzeit bemüht er sich, mich mit Leuten bekannt zu machen, die mir geschäftlich nützen können, und Zumpen kann mir nützen: Er ist Chef einer Kommission, die Aufträge bei großen Siedlungen vergibt, und ich habe in ein Ausschachtungsunternehmen eingeheiratet.

Ich war nervös an diesem Abend, aber meine Frau, Bertha, beruhigte mich. »Die Tatsache«, sagte sie, »daß er überhaupt kommt, bedeutet schon etwas. Versuche nur, das Gespräch vorsichtig auf den Auftrag zu bringen. Du weißt, daß morgen der Zuschlag erteilt wird.«

Ich stand hinter der Haustürgardine und wartete auf Zumpen. Ich rauchte, zertrat die Zigarettenstummel und schob die Fußmatte darüber. Wenig später stellte ich mich hinter das Badezimmerfenster und dachte darüber nach, warum Zumpen die Einladung wohl angenommen hatte; es konnte ihm nicht viel daran liegen, mit uns zu Abend zu essen, und die Tatsache, daß der Zuschlag für die große Ausschreibung, an der ich mich beteiligt hatte, morgen erteilt werden sollte, hätte ihm die Sache so peinlich machen müssen, wie sie mir war.

Ich dachte auch an den Auftrag: Es war ein großer Auftrag, und ich würde 20000 Mark daran verdienen, und ich wollte das Geld gerne haben.

Bertha hatte meinen Anzug ausgewählt: dunkler Rock, eine etwas hellere Hose und die Krawattenfarbe neutral. Solche Dinge hat sie zu Hause gelernt und im Pensionat bei den Nonnen. Auch, was man den Gästen anbietet: wann man den Kognak reicht, wann den Wermut, wie man den Nachtisch assortiert: Es ist wohltuend, eine Frau zu haben, die solche Sachen genau weiß.

Aber auch Bertha war nervös: Als sie mir ihre Hände auf die Schultern legte, berührten sie meinen Hals, und ich spürte, daß die Daumen feucht und kalt waren.

»Es wird schon gutgehen«, sagte sie. »Du wirst den Auftrag bekommen.«

»Mein Gott«, sagte ich, »es geht für mich um 20000 Mark, und du weißt, wie gut wir sie gebrauchen können.«

»Man soll«, sagte sie leise, »den Namen Gottes nie im Zusammenhang mit Geld nennen!«

Ein dunkles Auto hielt vor unserem Haus, ein Fabrikat, das mir unbekannt war, aber italienisch aussah. »Langsam«, flüsterte Bertha, »warte, bis sie geklingelt haben, laß sie zwei oder drei Sekunden stehen, dann geh langsam zur Tür und öffne.«

Ich sah die Zumpens die Treppe heraufkommen: Er ist schlank und groß, hat ergraute Schläfen, einer von der Sorte, die man vor dreißig Jahren »Schwerenöter« nannte; Frau Zumpen ist eine von den mageren dunklen Frauen, bei deren Anblick ich immer an Zitronen denken muß. Ich sah Zumpens Gesicht an, daß es furchtbar langweilig für ihn war, mit uns zu essen.

Dann klingelte es, und ich wartete eine, wartete zwei Sekunden, ging langsam zur Tür und öffnete.

»Ach«, sagte ich, »es ist wirklich nett, daß Sie zu uns gekommen sind!«

Wir gingen mit den Kognakgläsern in der Hand durch unsere Wohnung, die Zumpens gern sehen wollten. Bertha blieb in der Küche, um aus einer Tube Mayonnaise auf die Appetithappen zu drücken; sie macht das nett; herzförmige Muster, Mäander, kleine Häuschen. Den Zumpens gefiel unsere Wohnung; sie lächelten sich an, als sie in meinem Arbeitszimmer den großen Schreibtisch sahen, auch mir kam er in diesem Augenblick ein wenig zu groß vor.

Zumpen lobte einen kleinen Rokokoschrank, den ich von Großmutter zur Hochzeit bekommen hatte, und eine Barockmadonna in unserem Schlafzimmer.

Als wir ins Eßzimmer zurückkamen, hatte Bertha serviert; auch das hatte sie nett gemacht, so schön und doch sehr natürlich, und es wurde ein gemütliches Essen. Wir sprachen über Filme und Bücher, über die letzten Wahlen, und Zumpen lobte die verschiedenen Käsesorten, und Frau Zumpen lobte den Kaffee und die Törtchen. Dann zeigten wir Zumpens die Fotos von unserer Hochzeitsreise: Bilder von der bretonischen Küste, spanische Esel und Straßenbilder aus Casablanca.

Wir tranken jetzt wieder Kognak, und als ich aufstehen und den Karton mit den Fotos aus unserer Verlobungszeit holen wollte, gab mir Bertha ein Zeichen, und ich holte den Karton nicht. Es wurde für zwei Minuten ganz still, weil wir keinen Gesprächsstoff mehr hatten, und wir dachten alle an den Auftrag; ich dachte an die 20 000 Mark, und es fiel mir ein, daß ich die Flasche Kognak von der Steuer abschreiben konnte. Zumpen blickte auf die Uhr, sagte: »Schade: Es ist zehn; wir müssen weg. Es war ein so netter Abend!« Und Frau Zumpen sagte: »Reizend war es, und ich hoffe, wir werden Sie einmal bei uns sehen.«

»Gerne würden wir kommen«, sagte Bertha, und wir standen noch eine halbe Minute herum, dachten wieder alle an den Auftrag, und ich spürte, daß Zumpen darauf wartete, daß ich ihn beiseite nehmen und mit ihm darüber sprechen würde. Aber ich tat es nicht. Zumpen küßte Bertha die Hand, und ich ging voran, öffnete die Türen und hielt unten Frau Zumpen den Schlag auf.

»Warum«, sagte Bertha sanft, »hast du nicht mit ihm über den Auftrag gesprochen? Du weißt doch, daß morgen der Zuschlag erteilt wird.«

»Mein Gott«, sagte ich, »ich wußte nicht, wie ich die Rede darauf hätte bringen sollen.«

»Bitte«, sagte sie sanft, »du hättest ihn unter irgendeinem Vorwand in dein Arbeitszimmer bitten, dort mit ihm sprechen müssen. Du hast doch bemerkt, wie sehr er sich für Kunst interessiert. Du hättest sagen sollen: Ich habe da noch ein Brustkreuz aus dem 18. Jahrhundert, vielleicht würde es Sie interessieren, das zu sehen, und dann...«

Ich schwieg, und sie seufzte und band sich die Schürze um. Ich folgte ihr in die Küche; wir sortierten die restlichen Appetithappen in den Eisschrank, und ich kroch auf dem Boden herum, um den Verschluß für die Mayonnaisetube zu suchen. Ich brachte den Rest des Kognaks weg, zählte die Zigarren: Zumpen hatte nur eine geraucht; ich räumte die Aschenbecher leer, aß stehend noch ein Törtchen und sah nach, ob noch Kaffee in der Kanne war. Als ich in die Küche zurückkehrte, stand Bertha mit dem Autoschlüssel in der Hand da.

»Was ist denn los?« fragte ich.

»Natürlich müssen wir hin«, sagte sie.

»Wohin?«

»Zu Zumpens«, sagte sie, »was denkst du dir?«

»Es ist gleich halb elf.«

»Und wenn es Mitternacht wäre«, sagte Bertha, »soviel ich weiß, geht es um 20000 Mark. Glaub nicht, daß die so zimperlich sind.«

Sie ging ins Badezimmer, um sich zurechtzumachen, und ich stand hinter ihr und blickte ihr zu, wie sie den Mund abwischte, die Linien neu zog, und zum ersten Male fiel mir auf, wie breit und einfältig dieser Mund ist. Als sie mir den Krawattenknoten festzog, hätte ich sie küssen können, wie ich es früher immer getan hatte, wenn sie mir die Krawatte band, aber ich küßte sie nicht.

In der Stadt waren die Cafés und die Restaurants hell erleuchtet. Leute saßen draußen auf den Terrassen, und in silbernen Eisbechern und Eiskübeln fing sich das Laternenlicht. Bertha blickte mich ermunternd an; aber sie blieb im Auto, als wir an Zumpens Haus hielten, und ich drückte sofort auf die Klingel und war erstaunt, wie schnell die Tür geöffnet wurde. Frau Zumpen schien nicht erstaunt, mich zu sehen; sie trug einen schwarzen Hausanzug mit losen flatternden Hosenbeinen, mit gelben Blumen benäht, und mehr als je zuvor mußte ich an Zitronen denken.

»Entschuldigen Sie«, sagte ich, »ich möchte Ihren Mann sprechen.«

»Er ist noch ausgegangen«, sagte sie, »er wird in einer halben Stunde zurück sein.«

Im Flur sah ich viele Madonnen, gotische und barocke, auch Rokokomadonnen, wenn es die überhaupt gibt.

»Schön«, sagte ich, »wenn Sie erlauben, komme ich in einer halben Stunde zurück.«

Bertha hatte sich eine Abendzeitung gekauft; sie las darin, rauchte, und als ich mich neben sie setzte, sagte sie: »Ich glaube, du hättest auch mit ihr darüber sprechen können.«

»Woher weißt du denn, daß er nicht da war?«

»Weil ich weiß, daß er im Gaffel-Club sitzt und Schach spielt, wie jeden Mittwochabend um diese Zeit.«

»Das hättest du mir früher sagen können.«

»Versteh mich dóch«, sagte Bertha und faltete die Abendzeitung zusammen. »Ich möchte dir doch helfen, möchte, daß du es von dir aus lernst, solche Sachen zu erledigen. Wir hätten nur Vater anzurufen brauchen, und er hätte mit einem einzigen Telefongespräch die Sache für dich erledigt, aber ich will doch, daß du allein den Auftrag bekommst.«

»Schön«, sagte ich, »was machen wir also: Warten wir die halbe Stunde oder gehen wir gleich rauf und reden mit ihr?«

»Am besten gehen wir gleich rauf«, sagte Bertha.

Wir stiegen aus und fuhren zusammen im Aufzug nach oben. »Das Leben«, sagte Bertha, »besteht daraus, Kompromisse zu schließen und Konzessionen zu machen.«

Frau Zumpen war genausowenig erstaunt wie eben, als ich allein gekommen war. Sie begrüßte uns, und wir gingen hinter ihr her in das Arbeitszimmer ihres Mannes. Frau Zumpen holte die Kognakflasche, schenkte ein, und noch bevor ich etwas von dem Auftrag hatte sagen können, schob sie mir einen gelben Schnellhefter zu: »Siedlung Tannenidyll« las ich und blickte erschrocken auf Frau

Zumpen, auf Bertha, aber beide lächelten, und Frau Zumpen sagte: »Öffnen Sie die Mappe«, und ich öffnete sie; drinnen lag ein zweiter, ein rosenfarbener Schnellhefter, und ich las auf diesem »Siedlung Tannenidyll – Ausschachtungsarbeiten«, ich öffnete auch diesen Deckel, sah meinen Kostenanschlag als obersten liegen; oben an den Rand hatte jemand mit Rotstift geschrieben: »Billigstes Angebot!«

Ich spürte, wie ich vor Freude rot wurde, spürte mein Herz schlagen und dachte an die 20000 Mark.

»Mein Gott«, sagte ich leise und klappte den Aktendeckel zu, und diesmal vergaß Bertha, mich zu ermahnen.

»Prost«, sagte Frau Zumpen lächelnd, »trinken wir also.«

Wir tranken, und ich stand auf und sagte: »Es ist vielleicht plump, aber Sie verstehen vielleicht, daß ich jetzt nach Hause möchte.«

»Ich verstehe Sie gut«, sagte Frau Zumpen, »es ist nur noch eine Kleinigkeit zu erledigen.« Sie nahm die Mappe, blätterte sie durch und sagte: »Ihr Kubikmeterpreis liegt dreißig Pfennig unter dem Preis des nächstbilligeren. Ich schlage vor, Sie setzen den Preis noch um fünfzehn Pfennig herauf: So bleiben Sie immer noch der Billigste und haben doch viertausendfünfhundert Mark mehr. Los, tun Sie's gleich!« Bertha nahm den Füllfederhalter aus ihrer Handtasche und hielt ihn mir hin, aber ich war zu aufgeregt, um zu schreiben; ich gab die Mappe Bertha und beobachtete sie, wie sie mit ruhiger Hand den Meterpreis umänderte, die Endsumme neu schrieb und die Mappe an Frau Zumpen zurückgab.

»Und nun«, sagte Frau Zumpen, »nur noch eine Kleinigkeit. Nehmen Sie Ihr Scheckbuch und schreiben Sie einen Scheck über dreitausend Mark aus, es muß ein Barscheck sein und von Ihnen diskontiert.«

Sie hatte das zu mir gesagt, aber Bertha war es, die unser Scheckbuch aus ihrer Handtasche nahm und den Scheck ausschrieb.

»Er wird gar nicht gedeckt sein«, sagte ich leise.

»Wenn der Zuschlag erteilt wird, gibt es einen Vorschuß, und dann wird er gedeckt sein«, sagte Frau Zumpen.

Vielleicht habe ich das, als es geschah, gar nicht begriffen. Als wir im Aufzug hinunterfuhren, sagte Bertha, daß sie glücklich sei, aber ich schwieg.

Bertha wählte einen anderen Weg, wir fuhren durch stille Viertel, Licht sah ich in offenen Fenstern, Menschen auf Balkonen sitzen und Wein trinken; es war eine helle und warme Nacht.

»Der Scheck war für Zumpen?« fragte ich nur einmal leise, und Bertha antwortete ebenso leise: »Natürlich.«

Ich blickte auf Berthas kleine bräunliche Hände, mit denen sie sicher und ruhig steuerte. Hände, dachte ich, die Schecks unterschreiben und auf Mayonnaisetuben drücken, und ich blickte höher – auf ihren Mund und spürte auch jetzt keine Lust, ihn zu küssen.

An diesem Abend half ich Bertha nicht, den Wagen in die Garage zu setzen, ich half ihr auch nicht beim Abwaschen. Ich nahm einen großen Kognak, ging in mein Arbeitszimmer hinauf und setzte mich an meinen Schreibtisch, der viel zu groß für mich war. Ich dachte über etwas nach, stand auf, ging ins Schlafzimmer und blickte auf die Barockmadonna, aber auch dort fiel mir das, worüber ich nachdachte, nicht ein.

Das Klingeln des Telefons unterbrach mein Nachdenken; ich nahm den Hörer auf und war nicht erstaunt, Zumpens Stimme zu hören.

»Ihrer Frau«, sagte er, »ist ein kleiner Fehler unterlaufen. Sie hat den Meterpreis nicht um fünfzehn, sondern um fünfundzwanzig Pfennige erhöht.«

Ich überlegte einen Augenblick und sagte dann: »Das ist kein Fehler, das ist mit meinem Einverständnis geschehen.«

Er schwieg erst und sagte dann lachend: »Sie hatten also vorher die verschiedenen Möglichkeiten durchgesprochen?«

»Ja«, sagte ich.

»Schön, dann schreiben Sie noch ein Scheck über tausend aus.«

»Fünfhundert«, sagte ich, und ich dachte: Es ist wie in schlechten Romanen – genauso ist es.

»Achthundert«, sagte er, und ich sagte lachend: »Sechshundert«, und ich wußte, obwohl ich keine Erfahrung hatte, daß er jetzt siebenhundertfünfzig sagen würde, und als er es wirklich sagte, sagte ich »ja« und hing ein.

Es war noch nicht Mitternacht, als ich die Treppe hinunterging und Zumpen den Scheck ans Auto brachte; er war allein und lachte, als ich ihm den zusammengefalteten Scheck hineinreichte. Als ich langsam ins Haus ging, war von Bertha noch nichts zu sehen; sie kam nicht, als ich ins Arbeitszimmer zurückging; sie kam nicht, als ich noch einmal hinunterging, um mir noch ein Glas Milch aus dem Eisschrank zu holen, und ich wußte, was sie dachte; sie dachte: Er muß darüber kommen, und ich muß ihn allein lassen, er muß das begreifen.

Aber ich begriff das nie, und es war auch unbegreiflich.

Eine Kiste für Kop

Als er vom Bahnhof zurückkam, brachte Lasnow die Nachricht mit, daß eine Kiste für Kop angekommen sei. Lasnow ging jeden Morgen zu dem Zug, der aus Odessa kam, und versuchte, mit den Soldaten Geschäfte zu machen. Im ersten Jahr hatte er Socken, Sacharin, Salz, Zündhölzer und Feuersteine mit Butter und Öl bezahlt – und die großzügigen Handelsspannen genossen, die beim Tauschhandel üblich sind; später hatten sich die Kurse eingespielt, und es wurde ein hartes Feilschen um dieses Geld, das mit dem sinkenden Kriegsglück immer wertloser wurde. Es gab keine Butter mehr zum Tauschen, kein Öl und schon lange nicht mehr die saftigen Speckstücke, für die man im Anfang eine französische Doppelbettmatratze bekommen hatte. Der Handel war spitz geworden, sauer und aufreibend, seitdem die Soldaten angefangen hatten, ihr eigenes Geld zu verachten. Sie lachten, wenn Lasnow mit seinem Packen Geldscheine am Zug entlanglief und in einem nervösen Singsang in die offenen Fenster rief: »Ich zahle für alles die höchsten Preise. Die höchsten Preise für alles.«

Nur selten tauchte einmal ein Neuling auf, der sich einen Mantel, ein Unterhemd abschwätzen, sich von den Geldscheinen verführen ließ. Und sehr selten waren die Tage geworden, an denen Lasnow über ein größeres Objekt – eine Pistole, eine Uhr oder ein Fernglas – so lange verhandeln mußte, daß er gezwungen war, den Stationsvorsteher zu bestechen, der den Aufenthalt des Zuges verlängerte, bis Lasnow sein Geschäft abgeschlossen hatte. Im Anfang hatte jede Minute nur eine Mark gekostet, aber der gierige, trunksüchtige Stationsvorsteher hatte den Preis für eine Minute längst auf sechs Mark gesteigert.

An diesem Morgen war gar kein Geschäft zu machen gewesen. Ein Feldgendarm patrouillierte am haltenden

Zug entlang, verglich seine Armbanduhr mit der Taschen-
uhr des Stationsvorstehers und schnauzte den zerlumpten
Jungen an, der am Zug entlanglief, um nach Zigaretten-
stummeln zu suchen; aber die Soldaten warfen schon lange
keine Zigarettenstummel mehr weg, geizig kratzten sie die
schwarze Asche ab und bargen ihre Reste wie Kostbarkei-
ten in ihren Tabaksdosen; auch mit Brot waren sie sparsam
geworden, und der Junge, der, als er keine Tabakreste
fand, mit schlenkernden Armen am Zug entlanglief und
auf eine herrliche, eindrucksvolle Weise in einem heulen-
den Singsang »Brot« rief, »Brot – Brot, Kameraden«, der
Junge erntete nur einen Tritt des Feldgendarmen, sprang,
als der Zug abfuhr, an die Mauer, und eine Papiertüte rollte
vor seine Füße. Sie enthielt ein Stück Brot und einen Apfel.
Der Junge grinste, als Lasnow an ihm vorbei in den Warteraum ging. Der Warteraum war leer und kalt. Lasnow ging
auf den Vorplatz und blieb zögernd stehen. Ihm schien, als
müsse der Zug noch kommen; zu schnell war es gegangen,
korrekt, pünktlich, aber er hörte das rostige Knirschen:
Das Signal rutschte schon wieder auf Halt.

Lasnow erschrak, als eine Hand sich auf seine Schulter
legte, die Hand war zu leicht, um die des Stationschefs zu
sein; es war die Hand des Jungen, der Lasnow den angebis-
senen Apfel hinhielt und murmelte: »Sauer, so sauer ist das
Äpfelchen – aber was gibst du mir für das hier?« Er zog aus
der linken Tasche eine rote Zahnbürste und hielt sie Lasnow hin. Lasnow öffnete den Mund und fuhr sich unwill-
kürlich mit dem Zeigefinger über seine kräftigen Zähne,
auf denen ein dünner Pelz lag; er schloß den Mund wieder,
nahm dem Jungen die Zahnbürste aus der Hand und betrachtete sie; ihr roter Stiel war durchsichtig, weiß und
hart waren die Borsten.

»Ein hübsches Weihnachtsgeschenk für deine Frau«,
sagte der Junge, »sie hat so hübsche weiße Zähne.«

»Du Bengel«, sagte Lasnow leise, »was gehen dich die
Zähne meiner Frau an?«

»Oder für deine Kinder«, sagte der Junge, »man kann

durchgucken – so.« Er nahm Lasnow die Bürste aus der Hand, hielt sie sich vor die Augen, betrachtete Lasnow, den Bahnhof, die Bäume, die verfallene Zuckerfabrik und gab Lasnow die Bürste zurück. »Probier's mal«, sagte er, »es ist hübsch.« Lasnow nahm die Bürste und hielt sie vor die Augen; im Innern des Stiels wurden die Reflexe gebrochen: Der Bahnhof sah aus wie eine langgestreckte Scheune, die Bäume wie abgebrochene Besen, das Gesicht des Jungen war zu einer platten Grimasse verzerrt, der Apfel, den er vors Gesicht hielt, sah aus wie ein rötlicher Schwamm. Lasnow gab dem Jungen die Bürste zurück. »Na ja«, sagte er, »wirklich ganz hübsch.«

»Zehn«, sagte der Junge.

»Zwei.«

»Nein«, sagte der Junge weinerlich, »nein, sie ist so hübsch.«

Lasnow wandte sich ab. –

»Gib mir wenigstens fünf.«

»Komm«, sagte Lasnow, »gut, ich geb' dir fünf.« Er nahm die Bürste, gab dem Jungen den Schein. Der Junge lief in den Wartesaal zurück, und Lasnow sah ihn dort beharrlich und systematisch mit einem Stock in der Asche des Ofens nach Zigarettenresten suchen; eine graue Staubwolke stieg auf, und der Junge murmelte in seinem Singsang etwas vor sich hin, das Lasnow nicht verstand.

Der Stationsvorsteher kam in dem Augenblick, als Lasnow sich entschlossen hatte, eine Zigarette zu drehen, und gerade seinen Tabakvorrat auf der flachen Hand musterte, den Staub von den Flocken sonderte. »Na«, sagte der Stationsvorsteher, »das sieht ja aus, als würde es für zwei langen.« Er griff zu, ohne um Erlaubnis zu fragen, und die beiden Männer standen rauchend an der Bahnhofsecke und blickten in die Straße hinein, auf der Buden, Stände, schmutzige Zelte errichtet wurden: Alles war grau, braun oder schmutzigfarben, nicht einmal am Kinderkarussell war Farbe zu sehen.

»Meine Kinder«, sagte der Stationsvorsteher, »haben

mal von irgend jemand Malbücher geschenkt bekommen; auf der einen Seite konntest du die fertigen Bilder sehen, bunt, auf der anderen die Umrisse, in die du die Farben hineinmalen mußtest. Aber ich hatte keine Farben, auch keine Stifte, und meine Kinder schmierten alles mit meinem Bleistift voll – daran muß ich denken, wenn ich diesen Markt sehe. Es war wohl keine Farbe mehr da, nur Bleistift – grau, dreckig, dunkel…«

»Ja«, sagte Lasnow, »kein Geschäft zu machen; das einzig Eßbare sind die Maiskuchen von Ruchew, aber du weißt ja, wie er sie macht.«

»Rohe Maiskörner, zusammengepreßt, ich weiß«, sagte der Stationsvorsteher, »dann mit dunkelgefärbtem Öl beschmiert, daß man glauben soll, sie seien in Öl gebakken.«

»Na«, sagte Lasnow, »ich will sehen, ob nicht doch was zu machen ist.«

»Wenn du Kop siehst, sag ihm, daß eine Kiste für ihn angekommen ist.«

»Eine Kiste? Was ist drin?«

»Ich weiß nicht. Kommt aus Odessa. Ich schick' den Bengel mit meiner Karre rauf zu Kop. Sagst du's ihm?«

»Ja«, sagte Lasnow.

Immer wieder, während er über den Markt schlenderte, blickte er zum Bahnhof hinunter, um zu sehen, ob der Junge mit der Kiste noch nicht kam. Und er erzählte allen, daß für Kop eine Kiste aus Odessa gekommen sei. Das Gerücht ging schnell über den Markt, überholte Lasnow und kam, während er langsam auf Kops Stand zuging, an der anderen Straßenseite schon auf ihn zurück.

Als er an das Kinderkarussell kam, schirrte der Besitzer gerade das Pferd an: Das Gesicht des Pferdes war mager und dunkel, vor Hunger ganz edel; es erinnerte Lasnow an die Nonne von Nowgorod, die er als Kind einmal gesehen hatte. Auch deren Gesicht war mager und dunkel gewesen, vor Entbehrung ganz edel; sie hatte sich in einem dunkelgrünen Zelt auf den Jahrmärkten gezeigt, und es hatte kein

Geld gekostet, sie zu sehen, nur wurden die Zuschauer, wenn sie das Zelt verließen, um ein Opfer gebeten.

Der Besitzer des Karussells kam auf Lasnow zu, beugte sich zu ihm und flüsterte: »Hast du schon gehört von der Kiste, die für Kop angekommen sein soll?«

»Nein«, sagte Lasnow.

»Es soll Spielzeug drin sein, Autos zum Aufdrehen.«

»Nein«, sagte Lasnow, »ich habe gehört, daß es Zahnbürsten sind.«

»Nein, nein«, sagte der Karussellbesitzer, »Spielzeug.«

Lasnow streichelte zärtlich dem Pferd über die Nase, ging müde weiter und dachte voll Bitterkeit an die Geschäfte, die er früher hatte machen können. Er hatte schon so viele Kleider gekauft und verkauft, daß er eine ganze Armee hätte damit ausrüsten können, und nun war er so tief gesunken, daß er sich von diesem Bengel eine Zahnbürste hatte aufschwätzen lassen. Fässer voll Öl hatte er verkauft, Butter und Speck, und an den Weihnachtstagen hatte er immer einen Stand mit Zuckerstangen für die Kinder gehabt; die Farben der Zuckerstangen waren so grell gewesen wie die Freuden und Leiden der Armen: rot wie die Liebe, die man in Hauseingängen feiert oder an der Fabrikmauer, während der bittersüße Geruch der Melasse über die Mauer drang; gelb wie die Flammen im Gehirn eines Betrunkenen oder so hellgrün wie der Schmerz, den man empfand, wenn man morgens aufwachte und das Gesicht seiner schlafenden Frau betrachtete, ein Kindergesicht, dessen einziger Schutz gegen das Leben diese schwachen, rötlichen Lider waren, hinfällige Deckelchen, die sie öffnen mußte, wenn die Kinder anfingen zu schreien. Aber in diesem Jahr hatte es nicht einmal Zuckerstangen gegeben, und sie würden Weihnachten zu Hause sitzen, dünne Suppe löffeln und abwechselnd durch den Stiel der Zahnbürste gucken.

Neben dem Karussell hatte eine Frau zwei alte Stühle nebeneinandergestellt und darauf einen Laden eröffnet: Zwei Matratzen hatte sie zu verkaufen, auf denen noch

»Magasin du Louvre« zu lesen war, ein zerlesenes Buch mit dem Titel ›Links und rechts der Eisenbahn, Gelsenkirchen bis Essen‹, eine englische Illustrierte, Jahrgang 1938, und eine kleine Blechdose, in der einmal ein Farbband gewesen war.

»Schöne Sachen«, sagte die alte Frau, als Lasnow stehenblieb.

»Hübsche Sachen«, sagte er, und als er weitergehen wollte, stürzte die Frau auf ihn zu, zog ihn am Ärmel näher und flüsterte: »Für Kop ist 'ne Kiste aus Odessa angekommen. Mit Weihnachtssachen.«

»So?« sagte er, »mit was denn?«

»Zuckerzeug, ganz bunt, und Gummitiere, die quieken. Das wird lustig.«

»Ja«, sagte Lasnow, »das wird lustig.«

Als er endlich Kops Stand erreichte, hatte der gerade angefangen, seine Sachen abzuladen und auszustellen: Schürhaken, Kochtöpfe, Öfen, rostige Nägel, die er immer selbst zusammensuchte und geradeklopfte. Fast alle Leute hatten sich an Kops Stand versammelt, standen stumm vor Erregung und blickten die Straße hinunter. Als Lasnow zu Kop trat, lud Kop gerade einen Ofenschirm ab, auf dem goldene Blumen und eine Chinesin zu sehen waren.

»Ich soll dir ausrichten«, sagte Lasnow, »daß für dich eine Kiste angekommen ist. Der Bengel, der immer am Bahnhof herumstreunt, wird sie dir bringen.«

Kop blickte seufzend auf und sagte leise: »Auch du, auch du fängst mir davon an.«

»Wieso auch ich«, sagte Lasnow, »ich komme geradenwegs vom Bahnhof, um's dir auszurichten.«

Kop duckte sich ängstlich; er war elegant, er trug eine saubere graue Pelzmütze, hatte immer einen Stock in der Hand, mit dem er im Gehen Kerben in den Boden schlug, und als einzige Erinnerung an seine besseren Tage hatte er die lässige Haltung seiner Zigarette im Mund, einer Zigarette, die fast nie brannte, weil er selten Geld für Tabak hatte. Vor siebenundzwanzig Jahren, als Lasnow als

Deserteur ins Dorf zurückkehrte und die Kunde von der Revolution brachte, war Kop Fähnrich gewesen, Bahnhofskommandant, und als Lasnow an der Spitze des Soldatenrats in den Bahnhof gekommen war, um Kop zu verhaften, war dieser bereit gewesen, sich eine Lippenbewegung, die Haltung seiner Zigarette, ein Leben kosten zu lassen; jedenfalls blickten sie alle auf seinen Mundwinkel, und er war gefaßt darauf, daß sie ihn erschießen würden, aber er nahm die Zigarette nicht aus dem Mund, als Lasnow auf ihn zukam. Doch Lasnow hatte ihn nur geohrfeigt, die Zigarette war ihm aus dem Mund gefallen, und ohne sie sah er aus wie ein Junge, der sein Schulpensum vergessen hat. Sie hatten ihn in Frieden gelassen, er war erst Lehrer gewesen, dann Händler, aber immer noch, wenn er Lasnow traf, hatte er Angst, der würde ihm die Zigarette aus dem Mund schlagen. Er hob ängstlich den Kopf, rückte den Ofenschirm zurecht und sagte: »Wenn du wüßtest, wie oft ich es schon gehört habe.«

»Einen Ofenschirm«, sagte eine Frau, »wenn man nur Wärme genug hätte, um sich durch einen Ofenschirm dagegen zu schützen.« Kop blickte sie verächtlich an. »Für Schönheit habt ihr eben keinen Sinn.«

»Nein«, sagte die Frau lachend, »schön bin ich selbst, und schau, wieviel hübsche Kinder ich habe.« Sie fuhr den vier Kindern, die um sie herumstanden, schnell über die Köpfe. »Da braucht man…« Sie blickte erschrocken ihren Kindern nach, die plötzlich davonrannten, auf den Bahnhof zu, den anderen Kindern nach, dem Jungen entgegen, der Kops Kiste auf der Karre des Stationschefs brachte.

Alle Leute liefen von ihren Ständen weg, die Kinder sprangen vom Karussell.

»Mein Gott«, sagte Kop leise zu Lasnow, der allein bei ihm stehengeblieben war, »fast wünschte ich, die Kiste wäre nicht gekommen. Die werden mich zerreißen.«

»Weißt du nicht, was drin ist?«

»Keine Ahnung«, sagte Kop, »ich weiß nur, daß es aus Blech sein muß.«

»Aus Blech kann man vielerlei machen – Konservendosen, Spielzeug, Löffel.«

»Musiktrommeln – zum Drehen.«

»Ja – ach Gott.«

Mit Lasnow zusammen half Kop dem Jungen, die Kiste von der Karre zu heben; die Kiste war weiß, aus frischen glatten Brettern, und sie war fast so hoch wie der Tisch, auf dem Kop seine rostigen Nägel, Schürhaken, Scheren ausgebreitet hatte.

Alle wurden still, als Kop ein altes Schüreisen unter den Kistendeckel schob, es langsam anhob; man konnte das zarte Knirschen der Nägel hören. Lasnow wunderte sich, wo die Leute plötzlich alle hergekommen sein mochten; er erschrak, als der Junge plötzlich sagte: »Ich kann euch sagen, was drin ist.«

Niemand fragte, alle blickten ihn gespannt an, und der Junge blickte schweigend in die gespannten Gesichter; Schweiß brach ihm aus, und er sagte leise: »Nichts – nichts ist drin.«

Hätte er es einen Augenblick früher gesagt, sie hätten sich vor Enttäuschung auf ihn gestürzt und ihn verprügelt, aber jetzt hatte Kop den Deckel gerade abgenommen und wühlte mit seinen Händen in Holzwolle, hob eine ganze Schicht Holzwolle ab, noch eine, zusammengeknülltes Papier – dann hielt er zwei Hände voll mit den Dingern hoch, die er in der Mitte der Kiste gefunden hatte. »Pinzetten«, rief eine Frau, aber es waren keine.

»Nein«, sagte die Frau, die sich selbst als schön bezeichnet hatte, »nein, das sind…«

»Was ist es denn?« sagte ein kleiner Junge.

»Zuckerzangen sind es«, sagte der Karussellbesitzer mit trockener Stimme, dann lachte er plötzlich böse los, warf die Arme über den Kopf und lief laut lachend zu seinem Karussell zurück.

»Tatsächlich«, sagte Kop, »es sind Zuckerzangen – viele –« Er warf die Zangen, die er in der Hand hatte, wieder in die Kiste zurück, wühlte darin herum, aber obwohl sie sein Gesicht nicht sehen konnten, wußten sie alle, daß er nicht lachte. Er wühlte in den klirrenden Blechzangen herum, wie Geizhälse auf Bildern in ihrem Schatz wühlen.

»Das sieht ihnen ähnlich«, sagte eine Frau, »Zuckerzangen… ich glaube, wenn es überhaupt Zucker gäbe, ich würde es über mich bringen, ihn mit den Fingern anzufassen, was?«

»Ich hatte eine Großmutter«, sagte Lasnow, »die packte den Zucker immer mit den Fingern an – aber das war auch 'ne schmutzige Bauerntrine.«

»Ich glaube, ich würde es auch übers Herz bringen, das zu tun.«

»Du bist ja auch immer ein Schwein gewesen, Zucker mit den Fingern anzufassen. Nee.«

»Man kann«, sagte Lasnow, »Tomaten damit aus dem Glas angeln.«

»Wenn man welche hat«, sagte die Frau, die sich als schön bezeichnet hatte. Lasnow blickte sie aufmerksam an. Sie war wirklich schön, hatte kräftiges, blondes Haar, eine gerade Nase und dunkle, schöne Augen.

»Man kann«, sagte Lasnow, »auch Gurken damit anfassen.«

»Wenn man welche hat«, sagte die Frau.

»Man kann sich damit in den Hintern kneifen.«

»Wenn man noch einen hat«, sagte die Frau kalt. Ihr Gesicht wurde immer böser und schöner.

»Kohlen kann man damit anfassen.«

»Wenn man welche hat.«

»Man kann sie als Zigarettenspitze benutzen.«

»Wenn man was zu rauchen hat.«

Immer wenn Lasnow sprach, blickten alle zu ihm hin, und sobald er fertig war, wandten sich die Leute der Frau zu, und je sinnloser in diesem Zwiegespräch die Zuckerzangen wurden, um so leerer und armseliger wurden die

Gesichter der Kinder, der Eltern. Ich muß sie nur zum Lachen bringen, dachte Lasnow, ich hatte gefürchtet, es würden Zahnbürsten drin sein, aber Zuckerzangen sind wirklich noch schlimmer. Er wurde rot unter dem triumphierenden Blick der Frau und sagte laut: »Man kann damit gekochten Fisch zerlegen.«

»Wenn man welchen hat«, sagte die Frau.

»Die Kinder können damit spielen«, sagte Lasnow leise.

»Wenn man…«, setzte die Frau an, dann lachte sie plötzlich laut, und alle lachten mit, denn Kinder hatten sie alle genug.

»Komm her«, sagte Lasnow zu Kop, »gib mir drei, was kosten sie?«

»Zwölf«, sagte Kop.

»Zwölf«, sagte Lasnow und warf das Geld auf Kops Tisch, »das ist ja geschenkt.«

»Es ist wirklich nicht teuer«, sagte Kop schüchtern.

Zehn Minuten später liefen alle Kinder auf dem Markt mit silbern blitzenden Zuckerzangen umher, sie saßen auf dem Karussell, kniffen sich damit in die Nasen, fuchtelten vor den Erwachsenen damit herum.

Auch der Junge, der die Kiste gebracht hatte, hatte eine geschenkt bekommen. Er saß auf der Steintreppe vor dem Bahnhof und hämmerte seine Zuckerzange flach. Jetzt hab' ich endlich etwas, dachte er, womit ich zwischen die Ritzen in den Fußbodenbrettern komme. Daran hat er natürlich nicht gedacht. Er hatte es mit Feuerhaken versucht, mit Drähten und Scheren, aber es war ihm nie geglückt. Er war sicher, daß es ihm mit diesem Instrument glücken würde.

Kop zählte sein Geld, bündelte und verstaute es sorgfältig in seiner Brieftasche. Er blickte Lasnow an, der düster sinnend neben ihm stand und das Treiben auf dem Markt beobachtete.

»Du könntest mir einen Gefallen tun«, sagte Kop.

»Welchen«, sagte Lasnow zerstreut, ohne Kop anzusehen.

»Schlag mir ins Gesicht«, sagte Kop, »so fest, daß die Zigarette herausfällt.«

Lasnow, immer noch ohne Kop anzusehen, schüttelte nachdenklich den Kopf.

»Tu's«, sagte Kop. »Bitte, tu's. Weißt du nicht mehr?«

»Ich weiß noch«, sagte Lasnow, »aber ich habe keine Lust, es noch einmal zu tun.«

»Wirklich nicht?«

»Nein«, sagte Lasnow, »wirklich nicht, ich habe nie daran gedacht, es noch einmal zu tun.«

»Verflucht«, sagte Kop, »und ich habe siebenundzwanzig Jahre lang Angst davor gehabt.«

»Das war ganz unnötig«, sagte Lasnow. Er ging kopfschüttelnd auf den Bahnhof zu. Vielleicht, dachte er, kommt noch ein Sonderzug, Urlauber oder Verwundete; es kamen selten Sonderzüge, aber es konnte ja möglich sein, daß heute noch einer kam. Er spielte nachdenklich mit der Zahnbürste und den drei Zuckerzangen in seiner Rocktasche. Es ist schon vorgekommen, daß an einem Tag drei Sonderzüge kamen, dachte er.

Er lehnte sich an die Laterne vor dem Bahnhof und kratzte seinen letzten Tabak zusammen...

Ich bin bereit, dem Rhein alles zu glauben, nur seine sommerliche Heiterkeit habe ich ihm nie glauben können; ich habe diese Heiterkeit gesucht, aber nie gefunden. Vielleicht ist es ein Augenfehler oder ein Gemütsfehler, der mich hinderte, diese Heiterkeit zu entdecken. Mein Rhein ist dunkel und schwermütig, ist zu sehr Fluß händlerischer Schläue, als daß ich ihm sein sommerliches Jünglingsgesicht glauben könnte. Ich bin mit den weißen Schiffen gefahren, über die Rheinhöhen gegangen, mit dem Fahrrad von Mainz bis Köln, von Rüdesheim bis Deutz, von Köln bis Xanten gefahren, im Herbst, im Frühjahr und im Sommer, ich habe während des Winters in kleinen Hotels gewohnt, die nahe am Fluß lagen, und mein Rhein war nie der Sommer-Rhein.

Mein Rhein ist der, den ich aus meiner frühesten Kindheit kenne: ein dunkler, schwermütiger Fluß, den ich fürchtete und liebte; drei Minuten nur von ihm entfernt bin ich geboren; ich konnte noch nicht sprechen, soeben laufen, da spielte ich schon an seinen Ufern: Bis zu den Knien wateten wir im Laub der Alleebäume, suchten nach unseren Papierrädern, die wir dem Ostwind anvertraut hatten, der sie – zu schnell für unsere Kinderbeine – westwärts trieb, auf die alten Festungsgräben zu.

Es war Herbst, Sturm herrschte, Regenwolken und der bittere Rauch der Schiffsschornsteine hingen in der Luft; abends war Windstille, Nebel lag im Rheintal, dunkel tuteten die Nebelhörner, rote, grüne Signallichter an den Mastkörben schwebten wie auf Gespensterschiffen vorbei, und wir beugten uns über das Brückengeländer und hörten die hellen, nervösen Signalhörner der Flößer, die rheinabwärts fuhren.

Winter kam: Eisschollen, so groß wie Fußballplätze, weiß, mit einer hohen Schneeschicht bedeckt; still war der

Rhein an diesen klaren Tagen; die einzigen Passagiere waren die Krähen, die sich von den Eisschollen in Richtung Holland treiben ließen, auf ihren riesigen, phantastisch eleganten Taxis ruhig dahinfahrend.

Viele Wochen lang blieb der Rhein still: schmale, graue Wasserrinnen nur zwischen den großen, weißen Schollen. Möwen segelten unter den Brückenbogen her, Schollen brachen sich splitternd an den Pfeilern, und im Februar oder März warteten wir atemlos auf die große Drift, die vom Oberrhein kam. Arktisch anmutende Eismassen kamen von dort oben, und man konnte nicht glauben, daß dies ein Fluß ist, an dem Wein wächst, guter Wein. Vielschichtig schob sich das krachende, splitternde Eis an Dörfern und Städten vorbei, riß Bäume um, drückte Häuser ein, kam gelöster, schon weniger gefährlich nach Köln. Zweifellos gibt es zwei Rheine: den oberen, den Weintrinkerrhein, den unteren, den Schnapstrinkerrhein, den man weniger kennt und für den ich plädiere; ein Rhein, der sich mit seinem Ostufer nie so recht ausgesöhnt hat, bis heute nicht; wo früher die Opferfeuer der Germanen rauchten, rauchen jetzt die Schornsteine, von Köln rheinabwärts bis weit nördlich von Duisburg: rote, gelbe, grüne Flammen, die gespenstische Kulisse großer Industrien, während das westliche, das linke Ufer mehr noch einem Hirtenufer gleicht: Kühe, Weidenbäume, Schilf und die Spuren römischer Winterlager; hier standen sie, die römischen Soldaten, starrten auf das unversöhnliche Ostufer, opferten der Venus, dem Dionys, feierten die Geburt der Agrippina: Ein rheinisches Mädchen war die Tochter des Germanicus, Schwester Caligulas, Mutter Neros, Frau und Mörderin des Claudius, später von ihrem Sohn Nero ermordet. Rheinisches Blut in den Adern Neros!

Geboren war sie inmitten von Kasernen: Reiterkasernen, Matrosenkasernen, Fußvolkkasernen, und im Westen auch damals schon die Villen der Händler, Verwaltungsbeamten, Offiziere, Warmwasserbäder, Schwimmhallen; noch hat die Neuzeit diesen Luxus nicht ganz eingeholt, der zehn Meter unter den Spielplätzen unserer Kinder im Schutt der Jahrhunderte begraben liegt.

Zu viele Heere hat dieser Fluß gesehen, der alte grüne Rhein: Römer, Germanen, Hunnen, Kosaken, Raubritter – Sieger und Besiegte, und – als letzte Boten der sich vollziehenden Geschichte – die den weitesten Weg hatten: die Jungen aus Wisconsin, Cleveland oder Manila, die den Handel fortsetzten, den römische Söldner um das Jahr Null herum begonnen hatten.

Zuviel Handel, zuviel Geschichte hat dieser breite, grünlichgrau dahinfließende Rhein gesehen, als daß ich ihm sein sommerliches Jünglingsgesicht glauben könnte. Glaubhafter ist seine Schwermut, seine Dunkelheit; auch die düsteren Ruinen der Raubritterburgen auf seinen Bergen sind nicht Relikte eines sehr fröhlichen Interregnums. Römischer Flitter wurde im Jahre Null hier gegen germanische Frauenehre getauscht und im Jahre 1947 Zeißgläser gegen Kaffee und Zigaretten, die kleinen weißen Räucherstäbchen der Vergänglichkeit. Nicht einmal die Nibelungen, die dort wohnten, wo der Wein wächst, waren ein sehr fröhliches Geschlecht: Blut war ihre Münze, eine Münze, deren eine Seite Treue, deren andere Verrat war.

Der Weintrinkerrhein hört ungefähr bei Bonn auf, geht dann durch eine Art Quarantäne, die bis Köln reicht: Hier fängt der Schnapstrinkerrhein an; das mag für viele bedeuten, daß der Rhein hier aufhört. Mein Rhein fängt hier an, er wechselt in Gelassenheit und Schwermut über, ohne das, was er oben gelernt und gesehen hat, zu vergessen; immer ernster wird er auf seine Mündung zu, bis er in der Nordsee stirbt, seine Wasser sich mit denen des großen Ozeans mischen; der Rhein der lieblichen mittelrheinischen Madonnen fließt auf Rembrandt zu und verliert sich in den Nebeln der Nordsee.

Mein Rhein ist der Winterrhein, der Rhein der Krähen, die auf Eisschollen nordwestwärts ziehen, den Niederlanden zu, ein Brueghel-Rhein, dessen Farben Grüngrau sind, Schwarz und Weiß, viel Grau, und die bräunlichen

Fassaden der Häuser, die sich erst wieder auftakeln, wenn der Sommer naht; der stille Rhein, der noch elementar genug ist, sich die Emsigkeit der Hermes-Anbeter für einige Wochen wenigstens vom Leibe zu halten, und souverän sich selbst beherrscht, nur Vögeln, Fischen und Eisschollen sein altes Bett überläßt. Und ich habe immer noch Angst vor dem Rhein, der im Frühjahr böse werden kann, wenn Hausrat im Fluß dahintreibt, ertrunkenes Vieh, entwurzelte Bäume; wenn auf die Uferbäume Plakate mit dem roten Wort »Warnung« geklebt werden, die lehmigen Fluten steigen, wenn die Ketten, an denen die mächtigen schwimmenden Bootshäuser befestigt sind, zu reißen drohen; Angst vor dem Rhein, der so unheimlich und so sanft durch die Träume der Kinder murmelt, ein dunkler Gott, der bewiesen haben will, daß er noch Opfer fordert: heidnisch, Natur, nichts von Lieblichkeit, wird er breit wie ein Meer, dringt in Wohnungen ein, steigt grünlich in den Kellern hoch, quillt aus Kanälen, brüllt unter Brückenbögen dahin: Undines gewaltiger Vater.

Montag:
Leider kam ich zu spät an, als daß ich noch hätte ausgehen oder jemanden besuchen können; es war 23.30 Uhr, als ich ins Hotel kam, und ich war müde. So blieb mir nur vom Hotelzimmer aus der Blick auf diese Stadt, die so von Leben sprüht; wie das brodelt, pulsiert, fast überkocht: Da stecken Energien, die noch nicht alle freigelegt sind. Die Hauptstadt ist noch nicht das, was sie sein könnte. Ich rauchte eine Zigarre, gab mich ganz dieser faszinierenden Elektrizität hin, zögerte, ob ich nicht doch Inn anrufen könne, ergab mich schließlich seufzend und studierte noch einmal mein wichtiges Material. Gegen Mitternacht ging ich ins Bett: Hier fällt es mir immer schwer, schlafen zu gehen. Diese Stadt ist dem Schlafe abhold.

Nachts notiert:
Merkwürdiger, sehr merkwürdiger Traum: Ich ging durch einen Wald von Denkmälern; regelmäßige Reihen; in kleinen Lichtungen waren zierliche Parks angelegt, in deren Mitte wiederum ein Denkmal stand; alle Denkmäler waren gleich; Hunderte, nein Tausende: ein Mann in Rührt-euch-Stellung, dem Faltenwurf seiner weichen Stiefel nach offenbar Offizier, doch waren Brust, Gesicht, Sockel an allen Denkmälern noch mit einem Tuch verhangen – plötzlich wurden alle Denkmäler gleichzeitig enthüllt, und ich erkannte, eigentlich ohne allzusehr überrascht zu sein, daß *ich* es war, der auf dem Sockel stand; ich bewegte mich auf dem Sockel, lächelte, und da auch die Umhüllung des Sockels gefallen war, las ich viele Tausende Male meinen Namen: *Erich von Machorka-Muff.* Ich lachte, und tausendfach kam das Lachen aus meinem eigenen Munde auf mich zurück.

Dienstag:
Von einem tiefen Glücksgefühl erfüllt, schlief ich wieder ein, erwachte frisch und betrachtete mich lachend im Spiegel: Solche Träume hat man nur in der Hauptstadt. Während ich mich noch rasierte, der erste Anruf von Inn. (So nenne ich meine alte Freundin Inniga von Zaster-Pehnunz, aus jungem Adel, aber altem Geschlecht: Innigas Vater, Ernst von Zaster, wurde zwar von Wilhelm dem Zweiten erst zwei Tage vor dessen Abdankung geadelt, doch habe ich keine Bedenken, Inn als ebenbürtige Freundin anzusehen.)

Inn war am Telefon – wie immer – süß, flocht einigen Klatsch ein und gab mir auf ihre Weise zu verstehen, daß das Projekt, um dessentwillen ich in die Hauptstadt gekommen bin, bestens vorangeht. »Der Weizen blüht«, sagte sie leise, und dann, nach einer winzigen Pause: »Heute noch wird das Baby getauft.« Sie hängte schnell ein, um zu verhindern, daß ich in meiner Ungeduld Fragen stellte. Nachdenklich ging ich ins Frühstückszimmer hinunter: Ob sie tatsächlich schon die Grundsteinlegung gemeint hat? Noch sind meinem aufrichtig-kernigen Soldatengemüt Inns Verschlüsselungen unklar.

Im Frühstücksraum wieder diese Fülle markiger Gesichter, vorwiegend guter Rasse: Meiner Gewohnheit gemäß vertrieb ich mir die Zeit, indem ich mir vorstellte, wer für welche Stellung wohl zu gebrauchen sei, noch bevor mein Ei geschält war, hatte ich zwei Regimentsstäbe bestens besetzt, einen Divisionsstab, und es blieben noch Kandidaten für den Generalstab übrig; das sind so Planspiele, wie sie einem alten Menschenkenner wie mir liegen. Die Erinnerung an den Traum erhöhte meine gute Stimmung: Merkwürdig, durch einen Wald von Denkmälern zu spazieren, auf deren Sockeln man sich selber erblickt. Merkwürdig. Ob die Psychologen wirklich schon alle Tiefen des Ich erforscht haben?

Ich ließ mir meinen Kaffee in die Halle bringen, rauchte eine Zigarre und beobachtete lächelnd die Uhr: 9.56 Uhr –

ob Heffling pünktlich sein würde? Ich hatte ihn sechs Jahre lang nicht gesehen, wohl hin und wieder mit ihm korrespondiert (den üblichen Postkartenwechsel, den man mit Untergebenen im Mannschaftsrang pflegt).

Tatsächlich ertappte ich mich dabei, um Hefflings Pünktlichkeit zu zittern; ich neige eben dazu, alles symptomatisch zu sehen: Hefflings Pünktlichkeit wurde für mich zu *der* Pünktlichkeit der Mannschaftsdienstgrade. Gerührt dachte ich an den Ausspruch meines alten Divisiöners Welk von Schnomm, der zu sagen pflegte: »Macho, Sie sind und bleiben ein Idealist.« (Das Grabschmuckabonnement für Schnomms Grab erneuern!)

Bin ich ein Idealist? Ich versank in Grübeln, bis Hefflings Stimme mich aufweckte: Ich blickte zuerst auf die Uhr: zwei Minuten nach zehn (dieses winzige Reservat an Souveränität habe ich ihm immer belassen) – dann ihn an: Fett ist der Bursche geworden, Rattenspeck um den Hals herum, das Haar gelichtet, doch immer noch das phallische Funkeln in seinen Augen, und sein »Zur Stelle, Herr Oberst« klang wie in alter Zeit. »Heffling!« rief ich, klopfte ihm auf die Schultern und bestellte einen Doppelkorn für ihn. Er nahm Haltung an, während er den Schnaps vom Tablett des Kellners nahm; ich zupfte ihn am Ärmel, führte ihn in die Ecke, und bald waren wir in Erinnerungen vertieft: »Damals bei Schwichi-Schwaloche, wissen Sie noch, die neunte…?« Wohltuend zu bemerken, wie wenig der kernige Geist des Volkes von modischen Imponderabilien angefressen werden kann; da findet sich doch immer noch die lodenmantelige Biederkeit, das herzhafte Männerlachen und stets die Bereitschaft zu einer kräftigen Zote. Während Heffling mir einige Varianten des uralten Themas zuflüsterte, beobachtete ich, daß Murcks-Maloche – verabredungsgemäß, ohne mich anzusprechen – die Halle betrat und in den hinteren Räumen des Restaurants verschwand. Ich gab Heffling durch einen Blick auf meine Armbanduhr zu verstehen, daß ich eilig sei, und mit dem gesunden Takt des einfachen Volkes begriff er gleich, daß er zu gehen habe. »Besuchen Sie uns einmal, Herr Oberst, meine Frau würde sich freuen.« Herzhaft lachend gingen wir zusammen zur Portiersloge, und ich versprach Heffling, ihn zu besuchen. Vielleicht bahnte sich ein kleines Abenteuer mit seiner Frau an; hin und wieder habe ich Appetit auf die derbe Erotik der niederen Klassen, und man weiß nie, welche Pfeile Amor in seinem Köcher noch in Reserve hält.

Ich nahm neben Murcks Platz, ließ Hennessy kommen und sagte, nachdem der Kellner gegangen war, in meiner direkten Art: »Nun, schieß los, ist es wirklich soweit?«

»Ja, wir haben's geschafft.« Er legte seine Hand auf meine, sagte flüsternd: »Ich bin ja so froh, so froh, Macho.«

»Auch ich freue mich«, sagte ich warm, »daß einer meiner Jugendträume Wirklichkeit geworden ist. Und das in einer Demokratie.«

»Eine Demokratie, in der wir die Mehrheit des Parlaments auf unserer Seite haben, ist weitaus besser als eine Diktatur.«

Ich spürte das Bedürfnis, mich zu erheben; mir war feierlich zumute; historische Augenblicke haben mich immer ergriffen. »Murcks«, sagte ich mit tränenerstickter Stimme, »es ist also wirklich wahr?«

»Es ist wahr, Macho«, sagte er.

»Sie steht?«

»Sie steht... heute wirst du die Einweihungsrede halten. Der erste Lehrgang ist schon einberufen. Vorläufig sind die Teilnehmer noch in Hotels untergebracht, bis das Projekt öffentlich deklariert werden kann.«

»Wird die Öffentlichkeit – wird sie es schlucken?«

»Sie wird es schlucken – sie schluckt alles«, sagte Murcks.

»Steh auf, Murcks«, sagte ich. »Trinken wir, trinken wir auf den Geist, dem dieses Gebäude dienen wird: auf den Geist militärischer Erinnerungen!«

Wir stießen an und tranken.

Ich war zu ergriffen, als daß ich am Vormittag noch zu ernsthaften Unternehmungen fähig gewesen wäre; ruhelos ging ich auf mein Zimmer, von dort in die Halle, wanderte durch diese bezaubernde Stadt, nachdem Murcks ins Ministerium gefahren war. Obwohl ich Zivil trug, hatte ich das Gefühl, einen Degen hinter mir, neben mir herzuschleppen; es gibt Gefühle, die eigentlich nur in einer Uniform Platz haben. Wieder, während ich so durch die Stadt schlenderte, erfüllt von der Vorfreude auf das Tête-à-tête mit Inn, beschwingt von der Gewißheit, daß mein Plan Wirklichkeit geworden sei – wieder hatte ich allen Grund, mich eines Ausdrucks von Schnomm zu erinnern: »Macho, Macho«, pflegte er zu sagen, »immer mit dem Kopf in den Wolken.« Das sagte er auch damals, als mein Regiment nur noch aus dreizehn Männern bestand und ich vier von diesen Männern wegen Meuterei erschießen ließ.

Zur Feier des Tages genehmigte ich mir in der Nähe des Bahnhofs einen Aperitif, blätterte einige Zeitungen durch, studierte flüchtig ein paar Leitartikel zur Wehrpolitik und versuchte mir vorzustellen, was Schnomm – lebte er noch – gesagt hätte, würde er diese Artikel lesen. »Diese Christen«, hätte er gesagt, »diese Christen – wer hätte das von ihnen erwarten können!«

Endlich war es soweit, daß ich ins Hotel gehen und mich zum Rendezvous mit Inn umziehen konnte: Ihr Hupsignal – ein Beethovenmotiv – veranlaßte mich, aus dem Fenster zu blicken; aus ihrem zitronengelben Wagen winkte sie mir zu; zitronengelbes Haar, zitronengelbes Kleid, schwarze Handschuhe. Seufzend, nachdem ich ihr eine Kußhand zugeworfen, ging ich zum Spiegel, band meine Krawatte und stieg die Treppe hinunter; Inn wäre die richtige Frau für mich, doch ist sie schon siebenmal geschieden und begreiflicherweise dem Experiment Ehe gegenüber skeptisch; auch trennen uns weltanschauliche Abgründe: Sie stammt aus streng protestantischem, ich aus streng katholischem Geschlecht – immerhin verbinden uns Ziffern symbolisch: wie sie siebenmal geschieden ist, bin ich siebenmal verwundet. Inn!! Noch kann ich mich nicht ganz daran gewöhnen, auf der Straße geküßt zu werden…

Inn weckte mich gegen 16.17 Uhr: starken Tee und Ingwergebäck hatte sie bereit, und wir gingen schnell noch einmal das Material über Hürlanger-Hiß durch, den unvergessenen Marschall, dessen Andenken wir das Haus zu weihen gedenken.

Schon während ich, den Arm über Inns Schulter gelegt, in Erinnerungen an ihr Liebesgeschenk verloren, noch einmal die Akten über Hürlanger studierte, hörte ich Marschmusik; Trauer beschlich mich, denn diese Musik, wie alle inneren Erlebnisse dieses Tages, in Zivil zu erleben, fiel mir unsäglich schwer.

Die Marschmusik und Inns Nähe lenkten mich vom Aktenstudium ab; doch hatte Inn mir mündlich genügend berichtet, so daß ich für meine Rede gewappnet war. Es klingelte, als Inn mir die zweite Tasse Tee einschenkte; ich erschrak, aber Inn lächelte beruhigend. »Ein hoher Gast«, sagte sie, als sie aus der Diele zurückkam, »ein Gast, den wir nicht hier empfangen können.« Sie deutete schmunzelnd auf das zerwühlte Bett, das noch in köstlicher Liebesunordnung dalag. »Komm«, sagte sie. Ich stand auf, folgte ihr etwas benommen und war aufrichtig überrascht, in ihrem Salon mich dem Verteidigungsminister gegenüberzusehen. Dessen aufrichtig-derbes Gesicht glänzte. »General von Machorka-Muff«, sagte er strahlend, »willkommen in der Hauptstadt!«

Ich traute meinen Ohren nicht. Schmunzelnd überreichte mir der Minister meine Ernennungsurkunde.

Zurückblickend kommt es mir vor, als hätte ich einen Augenblick geschwankt und ein paar Tränen unterdrückt; doch weiß ich nicht sicher, was sich wirklich in meinem Innern abspielte; nur entsinne ich mich noch, daß mir entschlüpfte: »Aber Herr Minister – die Uniform – eine halbe Stunde vor Beginn der Feierlichkeiten…« Schmunzelnd – oh, die treffliche Biederkeit dieses Mannes! – blickte er zu

Inn hinüber, Inn schmunzelte zurück, zog einen geblümten Vorhang, der eine Ecke des Zimmers abteilte, zurück, und da hing sie, hing meine Uniform, ordengeschmückt...
Die Ereignisse, die Erlebnisse überstürzten sich in einer Weise, daß ich rückblickend nur noch in kurzen Stichworten ihren Gang notieren kann:

Wir erfrischten den Minister mit einem Trunk Bier, während ich mich in Inns Zimmer umzog.

Fahrt zum Grundstück, das ich zum ersten Male sah: außerordentlich bewegte mich der Anblick dieses Geländes, auf dem also mein Lieblingsprojekt Wirklichkeit werden soll: die »Akademie für militärische Erinnerungen«, in der jeder ehemalige Soldat vom Major aufwärts Gelegenheit haben soll, im Gespräch mit Kameraden, in Zusammenarbeit mit der kriegsgeschichtlichen Abteilung des Ministeriums seine Memoiren niederzulegen; ich denke, daß ein sechswöchiger Kursus genügen könnte, doch ist das Parlament bereit, die Mittel auch für Dreimonatskurse zur Verfügung zu stellen. Außerdem dachte ich daran, in einem Sonderflügel einige gesunde Mädchen aus dem Volke unterzubringen, die den von Erinnerungen hart geplagten Kameraden die abendlichen Ruhestunden versüßen könnten. Sehr viel Mühe habe ich darauf verwendet, die treffenden Inschriften zu finden. So soll der Hauptflügel in goldenen Lettern die Inschrift tragen: MEMORIA DEXTERA EST; der Mädchenflügel, in dem auch die Bäder liegen sollen, hingegen die Inschrift: BALNEUM ET AMOR MARTIS DECOR. Der Minister gab mir jedoch auf der Hinfahrt zu verstehen, diesen Teil meines Planes noch nicht zu erwähnen; er fürchtete – vielleicht mit Recht – den Widerspruch christlicher Fraktionskollegen, obwohl – wie er schmunzelnd meinte – über einen Mangel an Liberalisierung nicht geklagt werden könne.

Fahnen säumten das Grundstück, die Kapelle spielte: ›Ich hatt' einen Kameraden‹, als ich neben dem Minister auf die Tribüne zuschritt. Da der Minister in seiner gewohnten Bescheidenheit es ablehnte, das Wort zu ergreifen, stieg ich gleich aufs Podium, musterte erst die Reihe der angetretenen Kameraden, und von Inn durch ein Augenzwinkern ermuntert, fing ich zu sprechen an:

»Herr Minister, Kameraden! Dieses Gebäude, das den Namen ›Hürlanger-Hiß-Akademie für militärische Erinnerungen‹ tragen soll, bedarf keiner Rechtfertigung. Einer Rechtfertigung aber bedarf der Name Hürlanger-Hiß, der lange – ich möchte sagen, bis heute – als diffamiert gegolten hat. Sie alle wissen, welcher Makel auf diesem Namen ruht: Als die Armee des Marschalls Emil von Hürlanger-Hiß bei Schwichi-Schwaloche den Rückzug antreten mußte, konnte Hürlanger-Hiß nur 8500 Mann Verluste nachweisen. Nach Berechnungen erfahrener Rückzugsspezialisten des Tapir – so nannten wir im vertrauten Gespräch Hitler, wie Sie wissen – hätte seine Armee aber bei entsprechendem Kampfesmut 12300 Mann Verlust haben müssen. Sie wissen auch, Herr Minister und meine Kameraden, wie schimpflich Hürlanger-Hiß behandelt wurde: Er wurde nach Biarritz strafversetzt, wo er an einer Hummervergiftung starb. Jahre – vierzehn Jahre insgesamt – hat diese Schmach auf seinem Namen geruht. Sämtliches Material über Hürlangers Armee fiel in die Hände der Handlanger des Tapir, später in die der Alliierten, aber heute, heute«, rief ich und machte eine Pause, um den folgenden Worten den nötigen Nachdruck zu verleihen – »heute kann als nachgewiesen gelten, und ich bin bereit, das Material der Öffentlichkeit vorzulegen, es kann als nachgewiesen gelten, daß die Armee unseres verehrten Marschalls bei Schwichi-Schwaloche Verluste von insgesamt 14700 Mann – ich wiederhole: 14700 Mann – gehabt hat; es kann damit als bewiesen gelten, daß seine Armee mit beispielloser Tapferkeit gekämpft hat, und sein Name ist wieder rein.«

Während ich den ohrenbetäubenden Applaus über mich ergehen ließ, bescheiden die Ovation von mir auf den Minister ablenkte, hatte ich Gelegenheit, in den Gesichtern der Kameraden zu lesen, daß auch sie von der Mitteilung überrascht waren; wie geschickt hat doch Inn ihre Nachforschungen betrieben!

Unter den Klängen von ›Siehst du im Osten das Morgenrot‹ nahm ich aus des Maurers Hand Kelle und Stein entgegen und mauerte den Grundstein ein, der ein Foto von Hürlanger-Hiß und eines seiner Achselstücke enthielt.

An der Spitze der Truppe marschierte ich vom Grundstück zur Villa »Zum goldenen Zaster«, die uns Inns Familie zur Verfügung gestellt hat, bis die Akademie fertig ist. Hier gab es einen kurzen, scharfen Umtrunk, ein Dankeswort des Ministers, die Verlesung eines Kanzlertelegramms, bevor der gesellige Teil anfing.

Der gesellige Teil wurde eröffnet durch ein Konzert für sieben Trommeln, das von sieben ehemaligen Generälen gespielt wurde; mit Genehmigung des Komponisten, eines Hauptmanns mit musischen Ambitionen, wurde verkündet, daß es das Hürlanger-Hiß-Gedächtnisseptett genannt werden solle. Der gesellige Teil wurde ein voller Erfolg: Lieder wurden gesungen, Anekdoten erzählt, Verbrüderungen fanden statt, aller Streit wurde begraben.

Mittwoch:
Es blieb uns gerade eine Stunde Zeit, uns auf den feierlichen Gottesdienst vorzubereiten; in lockerer Marschordnung zogen wir dann gegen 7.30 Uhr zum Münster. Inn stand in der Kirche neben mir, und es erheiterte mich, als sie mir zuflüsterte, daß sie in einem Oberst ihren zweiten, in einem Oberstleutnant ihren fünften und in einem Hauptmann ihren sechsten Mann erkannte. »Und dein achter«, flüsterte ich ihr zu, »wird ein General.« Mein Entschluß war gefaßt; Inn errötete; sie zögerte nicht, als ich sie nach dem Gottesdienst in die Sakristei führte, um sie dem Prälaten, der zelebriert hatte, vorzustellen. »Tatsächlich, meine Liebe«, sagte dieser, nachdem wir die kirchenrechtliche Situation besprochen hatten, »da keine Ihrer vorigen Ehen kirchlich geschlossen wurde, besteht kein Hinder-

nis, Ihre Ehe mit Herrn General von Machorka-Muff kirchlich zu schließen.«

Unter solchen Auspizien verlief unser Frühstück, das wir à deux einnahmen, fröhlich; Inn war von einer neuen, mir unbekannten Beschwingtheit. »So fühle ich mich immer«, sagte sie, »wenn ich Braut bin.« Ich ließ Sekt kommen.

Um unsere Verlobung, die wir zunächst geheimzuhalten beschlossen, ein wenig zu feiern, fuhren wir zum Petersberg hinauf, wo wir von Inns Kusine, einer geborenen Zechine, zum Essen eingeladen waren. Inns Kusine war süß.

Nachmittag und Abend gehörten ganz der Liebe, die Nacht dem Schlaf.

Donnerstag:
Noch kann ich mich nicht ganz daran gewöhnen, daß ich nun hier wohne und arbeite; es ist zu traumhaft! Hielt am Morgen mein erstes Referat: ›Die Erinnerung als geschichtlicher Auftrag.‹

Mittags Ärger. Murcks-Maloche besuchte mich im Auftrage des Ministers in der Villa »Zum goldenen Zaster« und berichtete über eine Mißfallensäußerung der Opposition unserem Akademieprojekt gegenüber.

»Opposition«, fragte ich, »was ist das?«

Murcks klärte mich auf. Ich fiel wie aus allen Wolken. »Was ist denn nun«, fragte ich ungeduldig, »haben wir die Mehrheit oder haben wir sie nicht?«

»Wir haben sie«, sagte Murcks.

»Na also«, sagte ich. Opposition – merkwürdiges Wort, das mir keineswegs behagt; es erinnert mich auf eine so fatale Weise an Zeiten, die ich vergangen glaubte.

Inn, der ich beim Tee über meinen Ärger berichtete, tröstete mich.

»Erich«, sagte sie und legte mir ihre kleine Hand auf den Arm, »unserer Familie hat noch keiner widerstanden.«

I

Der Junge merkte nicht, daß er jetzt an der Reihe war. Er starrte auf die Fliesen des Ganges, der das Seitenschiff vom Mittelschiff trennte: Rot waren sie und weiß, wabenförmig, die roten waren weiß, die weißen rot gesprenkelt; schon konnte er die weißen nicht mehr von den roten unterscheiden, die Platten verschmolzen ineinander, und die dunkle Spur der Zementfugen war verwischt, der Boden schwamm vor seinem Blick wie ein Kiesweg aus roten und weißen Splittern; Rot stach, Weiß stach, wie ein schmutziges Netz lagen die Fugen unklar darüber.

»Du bist an der Reihe«, flüsterte eine junge Frau neben ihm, er schüttelte den Kopf, wies vage mit dem Daumen auf den Beichtstuhl, und die Frau ging an ihm vorüber; für einen Augenblick wurde der Lavendelgeruch stärker; dann hörte er das Murmeln, das schabende Geräusch ihrer Schuhe an der Holzstufe, auf der sie kniete.

Sünden, dachte er, Tod, Sünden; und die Heftigkeit, mit der er die Frau plötzlich begehrte, quälte ihn; er hatte nicht einmal ihr Gesicht gesehen; sanfter Lavendelgeruch, eine junge Stimme, das leichte und doch so harte Geräusch ihrer hohen Absätze, als sie die vier Schritte bis zum Beichtstuhl ging: Dieser Rhythmus der harten und doch so leichten Absätze war nur ein Fetzen der unendlichen Melodie, die ihm Tage und Nächte hindurch in den Ohren brauste. Abends lag er wach, bei offenem Fenster, hörte sie draußen übers Pflaster gehen, über den Asphalt des Gehsteigs: Schuhe, Absätze, hart, leicht, ahnungslos; Stimmen hörte er, Geflüster, Lachen unter den Kastanienbäumen. Es gab zu viele von ihnen, und sie waren zu schön: Manche öffneten ihre Handtaschen, in der Straßenbahn, an der Kinokasse, auf der Ladentheke, ließen ihre offenen Handtaschen in Autos liegen, und er konnte hineinsehen: Lippenstifte, Taschentücher, loses Geld, zusammengeknüllte Fahrscheine, Zigarettenschachteln, Puderdosen.

Immer noch quälten sich seine Augen den Fliesenweg hinauf und hinunter; dornig war dieser Weg und endlos.

»Sie sind an der Reihe«, sagte eine Stimme neben ihm, und er blickte auf: Es geschah nicht oft, daß jemand »Sie« zu ihm sagte. Ein kleines Mädchen, rotwangig mit schwarzem Haar. Er lächelte dem Mädchen zu, winkte auch ihr mit dem Daumen. Ihre flachen Kinderschuhe waren ohne Rhythmus. Flüstern dort rechts von ihm. Was hatte er gebeichtet, als er in ihrem Alter war? Ich habe genascht. Ich habe gelogen. Ungehorsam. Schularbeiten nicht gemacht. Ich habe genascht: Zuckerdose, Kuchenreste, Weingläser mit den Resten von Erwachsenenfestlichkeiten. Zigarrenstummel. Ich habe genascht.

»Du bist an der Reihe.« Schon winkte er mechanisch. Männerschuhe. Flüstern und die Aufdringlichkeit dieses sanften Nach-nichts-Riechens.

Wieder fielen seine Augen in die roten und weißen Splitter des Ganges. Seine bloßen Augen schmerzten so heftig, wie seine bloßen Füße auf einem rauhen Kiesweg geschmerzt hätten. Die Füße meiner Augen, dachte er, wandern um ihre Münder wie um rote Seen herum. Die Hände meiner Augen wandern über ihre Haut.

Sünde, Tod und die anmaßende Unaufdringlichkeit dieses Nach-nichts-Riechens. Wenn es doch einen gäbe, der nach Zwiebeln röche, nach Gulasch, Kernseife oder Motor, nach Pfeifentabak, Lindenblüten oder Straßenstaub, nach dem wilden Schweiß sommerlicher Mühsal, aber sie rochen alle unaufdringlich, rochen nach nichts.

Er hob den Blick über den Gang hinweg, ließ ihn dort drüben ruhen, wo die knieten, die schon absolviert waren und ihre Bußgebete verrichteten. Dort drüben roch es nach Samstag, nach Frieden, Badewasser, Seife, frischem Mohnbrot, nach neuen Tennisbällen, wie seine Schwestern sie sich samstags vom Taschengeld kauften, es roch nach dem klaren, feinen Öl, mit dem Vater samstags immer seine Pistole reinigte: Schwarz war sie, glänzend, seit zehn Jahren nicht benutzt, ein makelloses Andenken aus dem Krieg, unauffällig, zwecklos; sie diente nur der Erinnerung, zauberte Glanz auf Vaters Gesicht, wenn er sie auseinandernahm und reinigte; Glanz vergangener Herrschaft über den Tod, der aus den blassen, silbrig glänzenden Magazinen durch einen leichten Federdruck in den Lauf nachgeschoben werden konnte. Einmal in der Woche am Samstag vor dem Stammtisch diese Feierstunde des Zerlegens, Betastens, Ölens der schwarzen Glieder, die auf dem blauen Lappen ausgebreitet lagen wie die eines sezierten Tiers: der Rumpf, die große Metallzunge des Hahns, die kleineren Innereien, Gelenke und Schräubchen; er durfte zuschauen, gebannt stand er da, stumm vor dem Zauber, der auf Vaters Gesicht lag; hier wurde der Kult eines Instruments zelebriert, das auf eine so offenbare und erschreckende Weise seinem Geschlecht glich; der Same des Todes wurde aus dem Magazin nachgeschoben. Auch das kontrollierte Vater: ob die Federn der Magazine noch funktionierten. Sie funktionierten noch, und der Sicherungsflügel bannte den Samen des Todes im Lauf; mit dem Daumen, durch eine winzige zärtliche Bewegung, konnte man ihn befreien, aber Vater befreite ihn nie; zärtlich schoben seine Finger die einzelnen Teile wieder ineinander, bevor er die Pistole unter alten Scheckbüchern und Kontoauszügen begrub.

»Du bist an der Reihe.« Er winkte wieder. Flüstern. Gegengeflüster. Der aufdringliche Geruch von Nichts.

Auf dieser Seite des Ganges, hier roch es nach Verdammnis, Sünde, der klebrigen Gemeinheit der übrigen Wochentage, von denen der Sonntag der schlimmste war: Langeweile, während auf der Terrasse die Kaffeemaschine summte. Langeweile in der Kirche, im Gartenrestaurant, im Bootshaus, Kino oder im Café, Langeweile in den Weinbergen oben, wo das Wachstum des »Zischbrunner Mönchsgartens« kontrolliert wurde, schlanke Finger, die in schlüpfriger Kennerschaft an Trauben herumtasteten; Langeweile, die keinen anderen Ausweg als Sünde anzubieten schien. Überall sah man sie: grünes, rotes, braunes Leder von Handtaschen. Drüben im Mittelschiff sah er den rostfarbenen Mantel der Frau, die er vorgelassen hatte. Er sah ihr Profil, die zarte Nase, die bräunliche Haut, den dunklen Mund, sah ihren Trauring, die hohen Absätze, diese zerbrechlichen Instrumente, in denen die tödliche Melodie sich verbarg: Er hörte sie davongehen, einen langen, langen Weg über harten Asphalt, dann über holpriges Pflaster: das leichte und so harte Stakkato der Sünde. Tod, dachte er, Todsünde.

Nun ging sie tatsächlich: Sie knipste ihre Handtasche zu, stand auf, kniete nieder, bekreuzigte sich, und ihre Beine teilten den Schuhen, die Schuhe den Absätzen, die Absätze den Fliesen den Rhythmus mit.

Der Gang erschien ihm wie ein Strom, den er nie durchqueren würde: Für immer würde er am Ufer der Sünde bleiben. Vier Schritte nur trennten ihn von der Stimme, die lösen und binden konnte, sechs nur waren es bis ins Mittelschiff, wo Samstag herrschte, Frieden, Lossprechung – aber er machte nur zwei Schritte bis zum Gang, erst langsam, dann lief er wie aus einem brennenden Haus hinaus.

Als er die Ledertür aufstieß, trafen ihn Licht und Hitze zu plötzlich, für Augenblicke war er geblendet, seine linke Hand schlug gegen den Türrahmen, das Gebetbuch fiel auf den Boden, er spürte heftigen Schmerz im Handrücken, bückte sich, hob das Buch auf, ließ die Tür zurückpendeln und blieb im Windfang stehen, um die geknickte Seite des Gebetbuches zu glätten. »Die vollkommene Reue« las er, bevor er das Buch zuklappte; er steckte es in die Hosentasche, rieb mit der rechten Hand über den schmerzenden Handrücken der linken und öffnete vorsichtig die Tür, indem er mit dem Knie dagegen stieß: Die Frau war nicht mehr zu sehen, der Vorplatz war leer, Staub lag auf den dunkelgrünen Blättern der Kastanien; an der Laterne stand ein weißer Eiskarren, am Haken der Laterne hing ein grauer Leinensack mit Abendzeitungen. Der Eismann saß auf dem Bordstein und las in der Abendzeitung, der Zeitungsverkäufer hockte auf einem Holmen des Eiskarrens und leckte an einer Portion Eis. Eine vorüberfahrende Straßenbahn war fast leer: Nur ein Junge stand auf der hinteren Plattform und schwenkte eine grüne Badehose durch die Luft.

Langsam stieß Paul die Tür auf, ging die Stufen hinunter; schon nach wenigen Schritten schwitzte er, es war zu heiß und zu hell, und er sehnte sich nach Dunkelheit.

Manchmal kamen Tage, an denen er alles haßte, nur sich selbst nicht, aber heute war es wie an den meisten Tagen, an denen er nur sich selbst haßte und alles liebte: die offenen Fenster in den Häusern rings um den Platz; weiße Gardinen, das Klirren von Kaffeegeschirr, Männerlachen, den blauen Zigarrenrauch, von jemand ausgestoßen, den er nicht sah; dichte blaue Wolken kamen aus dem Fenster über der Sparkasse; weißer als frischer Schnee war die Sahne auf einem Stück Kuchen, das ein Mädchen im Fenster neben der Apotheke in der Hand hielt, weiß auch die Sahnespur rings um ihren Mund.

Die Uhr über der Sparkasse zeigte halb sechs.

Paul zögerte einen Augenblick, als er den Eiskarren erreicht hatte, einen Augenblick zu lange, so daß der Eismann vom Bordstein aufstand, die Abendzeitung zusammenfaltete, und Paul konnte in der ersten Zeile der Titelseite lesen: »Chruschtschew«, und in der zweiten Zeile: »offenes Grab«; er ging weiter, der Eismann entfaltete die Zeitung wieder und setzte sich kopfschüttelnd auf den Bordstein zurück.

Als Paul um die Ecke an der Sparkasse vorbeigegangen war und um die zweite Ecke bog, konnte er die Stimme des Ansagers hören, der unten am Flußufer das nächste Rennen der Regatta ankündigte: Herrenvierer – Ubia, Rhenus, Zischbrunn 67. Es schien Paul, als rieche und höre er den Fluß, von dem er vierhundert Meter entfernt war: Öl und Algen, den bitteren Rauch der Schleppzüge, das Klatschen der Wellen, wenn die Raddampfer stromabwärts fuhren, das Tuten lang ausheulender Sirenen am Abend; Lampions in den Gartencafés, Stühle, so rot, daß sie wie Flammen im Gebüsch zu brennen schienen.

Er hörte den Startschuß, Rufe, Sprechchöre, die zunächst klar im Rhythmus der Ruderschläge riefen: »Zisch-brunn, Rhe-nuss, U-bja«, dann sich ineinander verhedderten: »Rhe-brunn, Zisch-nuss, Bja-Zisch-U-nuss.«

Viertel nach sieben – dachte Paul, bis Viertel nach sieben wird die Stadt so leer bleiben, wie sie jetzt ist. Bis hier oben hin standen die parkenden Autos, leer, heiß, stanken nach Öl und Sonne, standen unter Bäumen, zu beiden Seiten der Straße, in Einfahrten.

Als er um die nächste Ecke bog, den Strom und die Berge übersehen konnte, sah er die parkenden Autos oben auf den Hängen, auf dem Schulhof, sie hatten sich bis in die Einfahrten zu den Weinbergen vorgedrängt. In den stillen Straßen, durch die er ging, standen sie zu beiden Seiten, verstärkten den Eindruck der Verlassenheit; Schmerz verursachte ihm die blitzende Schönheit der Autos, blanke Eleganz, gegen die sich die Besitzer durch häßliche Maskottchen zu schützen schienen: Affenfratzen, grinsende Igel, Zebras, verzerrt, mit gebleckten Zähnen, Zwerge mit tödlichem Grinsen über fuchsigen Bärten.

Deutlicher drangen die Sprechchöre hierher, heller die Rufe, dann die Stimme des Ansagers, der den Sieg des Zischbrunner Vierers verkündete. Applaus, ein Tusch, dann das Lied: »Zischbrunn, so an den Höhen gelegen, vom Flusse gekost, vom Weine genährt, von schönen Frauen verwöhnt...« Trompeten pufften die langweilige Melodie wie Seifenblasen in die Luft.

Als er in eine Toreinfahrt einbog, war es plötzlich still. In diesem Hof hinter dem Haus der Griffduhnes drang der Lärm vom Fluß her nur gedämpft; von Bäumen gefiltert, von alten Schuppen aufgefangen, von Mauern verschluckt, klang die Stimme des Ansagers schüchtern herauf:

»Damenzweier.« Der Startschuß klang wie die Explosion einer Kinderpistole, Sprechchöre wie Gesang, der hinter Mauern geübt wird.

Jetzt also schlugen die Schwestern die Paddel ins Wasser, wurden ihre derben Gesichter ernst, Schweißperlen traten auf die Oberlippe, dunkel färbten sich die gelben Stirnbänder; jetzt schraubte die Mutter das Fernglas zurecht, stieß mit dem Ellenbogen Vaters Hände weg, die nach dem Fernglas zu greifen versuchten. »Zisch-Zisch-Brunn-Brunn« brüllte ein Sprechchor, der die anderen übertönte, nur hin und wieder drang kläglich eine Silbe durch: »U-nuss, Rhe-bja«, dann Gebrüll, das hier im Hof klang, als käme es aus einem gedrosselten Radioapparat. Der Zischbrunner Zweier hatte gewonnen: Entspannt waren jetzt die Gesichter der Schwestern, sie rissen die schweißdunklen Stirnbänder herunter, paddelten ruhig aufs Zielboot zu, winkten den Eltern. »Zisch-Zisch«, riefen die Freunde, »Hoch! Zisch!«

Über ihre Tennisbälle, dachte Paul, rotes Blut über die weißen haarigen Bälle.

»Griff«, rief er leise, »bist du oben?«

»Ja«, antwortete eine müde Stimme, »komm rauf!«

Die hölzerne Stiege war vollgesogen mit Sommerhitze, es roch nach Teer und nach Seilen, die schon seit zwanzig Jahren nicht mehr verkauft wurden. Griffs Großvater hatte noch alle diese Schuppen, Gebäude, Mauern besessen. Griffs Vater besaß kaum noch ein Zehntel davon, und: »Ich«, sagte Griff immer, »ich werde nur noch den Taubenschlag besitzen, in dem mein Vater früher einmal Tauben hielt. Man kann sich bequem darin ausstrecken, und ich werde dort hocken und den dicken Zeh meines rechten Fußes betrachten – aber auch den Taubenschlag werde ich nur besitzen, weil sich keiner mehr dafür interessiert.«

Hier oben waren die Wände mit alten Fotos tapeziert. Dunkelrot waren die Bilder, fast fuchsig, ihr Weiß war wolkig und gelblich geworden: Picknicks der neunziger, Regatten der zwanziger, Leutnants der vierziger Jahre;

junge Mädchen, die als Großmütter vor dreißig Jahren gestorben waren, blickten wehmütig über den Flur auf ihre Lebensgefährten: Weinhändler, Seilhändler, Werftbesitzer, deren biedermeierliche Wehmut Daguerres frühe Jünger auf die Platte gebannt hatten; ein Student aus dem Jahre 1910 blickte ernst auf seinen Sohn: einen Fähnrich, der am Peipus-See erfroren war. Gerümpel stand auf dem Flur, dazwischen ein modisches Bücherbrett mit Einmachgläsern, leeren, in denen die schlaffen roten Gummiringe zusammengerollt lagen, volle, deren Inhalt nur an wenigen Stellen durch den Staub hindurch zu sehen war; dunkles Pflaumenmus oder Kirschen, deren Röte kraftlos war, blaß wie die Lippen kränklicher Mädchen.

Griffduhne lag mit entblößtem Oberkörper auf dem Bett; seine weiße, eingefallene Brust stach erschreckend gegen seine roten Wangen ab: Er sah aus wie eine Mohnblume, deren Stiel schon abgestorben ist. Ein rohleinenes Bettuch hing vor dem Fenster, wie geröntgt von der Sonne waren Flecken darin sichtbar; das Sonnenlicht drang, zu einer gelben Dämmerung gefiltert, ins Zimmer. Schulbücher lagen auf der Erde, eine Hose hing über dem Nachttisch, Griffs Hemd über dem Waschbecken; ein Jackett aus grünem Samt hing an einem Nagel an der Wand zwischen dem Kruzifix und Fotos aus Italien: Esel, Steilküste, Kardinäle. Ein offenes Glas Pflaumenmus, in dem ein Blechlöffel stak, stand auf dem Fußboden neben dem Bett.

»Sie rudern schon wieder; Rudern, Paddeln, Wassersport – das sind so ihre Probleme. Tanz, Tennis, Winzerfest, Abschlußfeiern. Lieder. Bekommt das Rathaus goldene, silberne oder kupferne Säulen? Mein Gott, Paul«, sagte er leise, »bist du tatsächlich dort gewesen?«

»Ja.«

»Und?«

»Nichts, ich bin wieder gegangen. Ich konnte nicht. Es ist sinnlos. Und du?«

»Ich geh' schon lange nicht mehr hin. Wozu? Ich habe darüber nachgedacht, welches die richtige Größe für unser

Alter ist: Ich bin zu groß für vierzehn, sagen sie, du bist zu klein für vierzehn. Kennst du einen, der die richtige Größe hat?«

»Plokamm hat die richtige Größe.«

»Na, und möchtest du sein wie er?«

»Nein.«

»Na, siehst du«, sagte Griff, »es gibt…« Er stutzte, schwieg, beobachtete Pauls Blick, der suchend und unruhig durchs Zimmer glitt. »Was ist los? Suchst du was?«

»Ja«, sagte Paul, »wo hast du sie?«

»Die Pistole?«

»Ja, gib sie mir.« Über dem Karton mit den frischen Tennisbällen werde ich es tun, dachte er. »Komm«, sagte er heftig, »rück sie raus.«

»Ach«, sagte Griff, schüttelte den Kopf, nahm verlegen den Löffel aus dem Pflaumenmus, steckte ihn wieder ins Glas, legte die Hände ineinander. »Nein, laß uns lieber rauchen. Wir haben Zeit bis Viertel nach sieben. Rudern, Paddeln – vielleicht wird es noch später. Gartenfest. Lampions. Siegerehrung. Deine Schwestern haben im Zweier gewonnen. Zisch, zisch, zisch…«, machte er leise.

»Zeig mir die Pistole.«

»Ach, wozu.« Griff richtete sich auf, packte das Einmachglas und warf es gegen die Wand: Scherben fielen herunter, der Löffel schlug auf die Kante des Bücherbords, von dort fiel er im Salto vors Bett. Das Mus klatschte auf ein Buch, auf dem ›Algebra I‹ stand, ein Rest floß in sämiger Bläue über die gelbe Tünche der Wand, verfärbte sich grünlich. Ohne Bewegung, ohne ein Wort zu sprechen, blickten die Jungen auf die Wand. Als der Lärm des Aufschlags verklungen, der letzte Rest Brühe heruntergeflossen war, blickten sie sich erstaunt an: Das Zerschmettern des Glases hatte sie nicht berührt.

»Nein«, sagte Paul, »das ist nicht das Richtige. Die Pistole ist besser, vielleicht auch Feuer, ein Brand oder Wasser – am besten die Pistole. Töten.«

»Wen denn?« fragte der Junge auf dem Bett; er beugte

sich herunter, hob den Löffel auf, leckte ihn ab und legte ihn mit zärtlicher Behutsamkeit auf den Nachttisch.

»Wen denn?«

»Mich«, sagte Paul heiser, »Tennisbälle.«

»Tennisbälle?«

»Ach, nichts, gib sie mir. Jetzt.«

»Gut«, sagte Griff, er riß das Bettuch beiseite, sprang auf, stieß die Scherben des Glases mit dem Fuß weg, bückte sich und nahm einen schmalen braunen Karton aus dem Bücherbord. Der Karton war nur wenig größer als eine Zigarettenschachtel.

»Was«, sagte Paul, »das ist sie? Da drin?«

»Ja«, sagte Griff, »das ist sie.«

»Und damit hast du auf dreißig Meter Entfernung achtmal auf eine Konservendose geschossen und hast siebenmal getroffen?«

»Ja, siebenmal«, sagte Griff unsicher, »willst du sie nicht mal ansehen?«

»Nein, nein«, sagte Paul; er blickte zornig auf den Karton, der nach Sägemehl roch, nach der Masse, in die Knallkorken eingebettet waren. »Nein, nein, ich will sie nicht ansehen. Zeig mir die Munition.«

Griff bückte sich. Aus seinem langen, blassen Rücken sprangen die Wirbelknochen heraus, verschwanden wieder, und diesmal hatte er den Karton, der so groß war wie eine Zündholzschachtel, schnell geöffnet. Paul nahm eins von den kupfernen Geschossen, hielt es zwischen zwei Fingerspitzen, wie um seine Länge zu prüfen, drehte es hin und her, betrachtete kopfschüttelnd den runden, blauen Kopf des Geschosses. »Nein«, sagte er, »da ist doch nichts dran. Mein Vater hat eine – ich werde die von meinem Vater holen.«

»Die ist doch weggeschlossen«, sagte Griff.

»Ich werde sie schon kriegen. Es muß nur vor halb acht sein. Dann reinigt er sie immer, bevor er zum Stammtisch geht, nimmt sie auseinander: sie ist groß, schwarz und glatt, schwer, und die Geschosse sind dick, so« – er zeigte es – »und...«, er schwieg, seufzte: über den Tennisbällen, dachte er.

»Willst du dich denn wirklich erschießen, richtig?«

»Vielleicht«, sagte Paul. Die Füße meiner Augen sind wund, die Hände meiner Augen sind krank, dachte er. »Ach, du weißt doch.«

Griffs Gesicht wurde plötzlich dunkel und starr, er schluckte, ging auf die Tür zu, wenige Schritte nur; dort blieb er stehen.

»Du bist doch mein Freund«, sagte er, »oder nicht?«

»Doch.«

»Dann hol auch ein Glas und wirf es an die Wand. Willst du das tun?«

»Wozu?«

»Meine Mutter«, sagte Griff, »meine Mutter hat gesagt, sie will sich das Zimmer ansehen, wenn sie von der Regatta kommt, will sehen, ob ich mich gebessert habe. Ordnung und so. Sie hat sich über mein Zeugnis geärgert. Sie soll sich mein Zimmer ansehen – holst du das Glas jetzt?«

Paul nickte, ging auf den Flur hinaus und hörte Griff rufen: »Nimm Mirabellenmarmelade, wenn noch welche da ist. Was Gelbes würde gut aussehen, netter als dieser rötlich-blaue Schmier.« Paul wischte im Halbdunkel draußen an den Gläsern herum, bis er ein gelbes entdeckt hatte. Sie werden es nicht begreifen, dachte er, keiner wird es begreifen, aber ich muß es tun; er ging ins Zimmer zurück, hob die rechte Hand und warf das Glas gegen die Wand. »Es ist nicht das Richtige«, sagte er leise, während sie beide die Wirkung des Wurfes beobachteten, »es ist nicht das, was ich möchte.«

»Was möchtest du denn?«

»Ich möchte was zerstören«, sagte Paul, »aber nicht Gläser, nicht Bäume, nicht Häuser – ich will auch nicht, daß deine Mutter sich ärgert oder meine; ich liebe meine Mutter, auch deine – es ist so sinnlos.«

Griff ließ sich aufs Bett zurückfallen, bedeckte sein

Gesicht mit den Händen und murmelte: »Kuffang ist zu diesem Mädchen gegangen.«

»Zu der Prohling?«

»Ja.«

»Ach«, sagte Paul, »bei der war ich auch.«

»Du?«

»Ja. Sie ist nicht ernst. Kichert da im Hausflur herum – dumm, sie ist dumm. Weiß nicht, daß es Sünde ist.«

»Kuffang sagt, daß es schön ist.«

»Nein, ich sage dir, es ist nicht schön. Kuffang ist auch dumm, du weißt doch, daß er dumm ist.«

»Ich weiß es, aber was willst du tun?«

»Nichts mit Mädchen – die kichern. Ich habe es versucht. Sie sind nicht ernst – kichern da herum.« Er ging zur Wand, schmierte mit dem Zeigefinger durch den großen Klecks Mirabellenmus. »Nein«, sagte er, ohne sich umzuwenden, »ich gehe, ich hole die Pistole meines Vaters.«

Über die Tennisbälle, dachte er. Sie sind so weiß wie gewaschene Lämmer. Über die Lämmer hin das Blut.

»Frauen«, sagte er leise, »nicht Mädchen.«

Der gefilterte Lärm von der Regatta her drang schwach ins Zimmer. Herrenachterrudern. Zischbrunn. Diesmal gewann Rhenus. Langsam trocknete das Mus an der hölzernen Wand, wurde hart wie Kuhfladen, Fliegen summten im Zimmer umher, süßlich roch es, Fliegen krochen über Schulbücher, Kleider, flogen gierig von einem Klecks, von einer Pfütze zur anderen, zu gierig, um auf einer Pfütze zu verharren. Die beiden Jungen rührten sich nicht. Griff lag auf dem Bett, starrte an die Decke und rauchte. Paul hockte auf der Bettkante, nach vorne gebeugt wie ein alter Mann; tief in ihm, über ihm, an ihm haftete eine Last, für die er keinen Namen wußte, dunkel war sie und schwer. Plötzlich stand er auf, lief auf den Gang hinaus, ergriff eins der Einmachgläser, kam ins Zimmer zurück, hob das Glas – aber er warf nicht; er blieb mit dem Glas in der erhobenen Hand stehen, langsam sank sein Arm, der Junge setzte das Glas ab, auf einen Papiersack, der dort zusammengefaltet auf dem Bücherbord lag. »Hosen-Fürst«, stand auf dem Papiersack, »Hosen nur von Hosen-Fürst«.

»Nein«, sagte er, »ich geh' und hol' sie.«

Griff blies den Rauch seiner Zigarette auf die Fliegen zu, zielte dann mit dem Stummel auf eine der Pfützen, Fliegen flogen hoch, setzten sich zögernd um den qualmenden Stummel herum, der langsam ins Mus hineinsank und verzischte.

»Morgen abend«, sagte er, »werde ich in Lübeck sein, bei meinem Onkel; fischen werden wir, segeln und baden in der Ostsee; und du, du wirst morgen im Tal der donnernden Hufe sein.« Morgen, dachte Paul, der sich nicht rührte, morgen will ich tot sein. Blut über die Tennisbälle, dunkelrot wie im Fell des Lammes; das Lamm wird mein Blut trinken. O Lamm. Den kleinen Lorbeerkranz der Schwestern werde ich nicht mehr sehen: »Den Siegerinnen im Damen-Zweier«, schwarz auf gold; oben wird er hängen zwischen den Ferienfotos aus Zalligkofen, zwischen vertrockneten Blumensträußen und Katzenbildern; neben dem eingerahmten »Zeugnis der mittleren Reife«, das über Rosas Bett hing, neben dem Diplom fürs Fahrtenschwimmen, das über Franziskas Bett hing; zwischen den Farbdrucken der Schutzpatroninnen: Rosa von Lima, Franziska Romana; neben dem anderen Lorbeerkranz: »Den Siegerinnen im Damen-Doppel«; unter dem Kruzifix. Hart wird das dunkelrote Blut im Flaum der Tennisbälle kleben, Blut des Bruders, der den Tod der Sünde vorzog.

»Einmal muß ich es sehen, das Tal der donnernden Hufe«, sagte Griff, »ich muß dort oben sitzen, wo du immer sitzt, muß sie hören, die Pferde, wie sie den Paß heraufkommen, zum See hinuntergaloppieren, hören muß ich, wie ihre Hufe in der engen Schlucht donnern – wie ihr Wiehern über die Bergeshöhen hinausfließt – wie – wie eine leichte Flüssigkeit.«

Paul blickte verächtlich auf Griff, der sich aufgerichtet hatte und begeistert beschrieb, was er nie gesehen hatte:

Pferde, viele, die über den Paß kamen, mit donnernden Hufen ins Tal galoppierten. Aber es war nur *eins* dort gewesen, und nur *ein*mal: ein junges, das aus der Koppel gestürmt, zum See hinuntergelaufen war, und das Geräusch der Hufe war nicht wie Donnern gewesen, nur wie Klappern, und so lange schon war es her, drei, vielleicht vier Jahre.

»Und du«, sagte er leise, »wirst also fischen gehen und segeln, baden, und die kleinen Bäche hinaufwandern, in Wasserstiefeln, und Fische mit der Hand fangen.«

»Ja«, sagte Griff müde, »mein Onkel fängt Fische mit der Hand, sogar Lachse, ja –« Er sank aufs Bett zurück und seufzte. Sein Onkel in Lübeck hatte noch nie einen Fisch gefangen, nicht einmal mit der Angel oder im Netz, und er, Griff, zweifelte daran, ob es in der Ostsee und den kleinen Bächen dort oben überhaupt Lachse gab. Onkel besaß nur eine kleine Marinadenfabrik; in alten Schuppen auf dem Hinterhof wurden die Fische aufgeschlitzt, ausgenommen, eingesalzen oder eingelegt; in Öl oder Tomatenbrühe; sie wurden in Büchsen gepreßt von einer alten Maschine, die sich wie ein müder Amboß stöhnend über die winzigen Büchsen warf, die Fische ins Weißblech einsperrte. Klumpen feuchten Salzes lagen auf dem Hof herum, Gräten und Fischhaut, Schuppen und Eingeweide, Möwen kreischten, und helles rotes Blut spritzte auf die weißen Arme der Arbeiterinnen, rann wässerig von den Armen herunter.

»Lachse«, sagte Griff, »sind glatt, silbern und rosa, stark sind sie, viel zu schön, um gegessen zu werden; wenn du sie in der Hand hältst, kannst du ihre starken Muskeln spüren.«

Paul schauderte: Sie hatten Weihnachten einmal Lachs aus Büchsen gegessen, eine kittfarbene Masse, von rosigem Saft umspült, mit Splittern von Gräten durchsetzt.

»Und du kannst sie in der Luft fangen, wenn sie springen«, sagte Griff; er erhob sich, kniete sich aufs Bett, warf die gespreizten Hände in die Luft, näherte sie einander, bis sie wie zu einem Würgegriff bereitstanden; diese starren Hände, das unbewegte Gesicht des Jungen, alles schien zu jemand zu gehören, der eine strenge Gottheit anbetet: Das sanfte gelbe Licht umfloß diese starren Jungenhände, gab dem roten Gesicht eine dunkle, bräunliche Färbung – »So«, sagte Griff leise, schnappte dann mit den Händen nach dem Fisch, der nicht da war, ließ die Hände plötzlich herunterfallen, schlaff, wie tot an seiner Seite herunterbaumeln. »Ach«, sagte er, sprang vom Bett herunter, nahm den Karton mit der Pistole vom Bücherbrett, öffnete ihn, bevor Paul sich abwenden konnte, und hielt ihm die offene Unterseite des Kartons mit der Pistole hin. »Sieh sie dir jetzt an«, sagte er, »sieh sie dir an.« Die Pistole sah kläglich aus, nur in der Härte des Materials unterschied sie sich von einer Kinderpistole, sie war noch flacher, nur die Gediegenheit des Nickels gab ihr ein wenig Glanz und eine Spur von Ernst. Griffduhne warf den offenen Karton mit der Pistole in Pauls Schoß, nahm das verschlossene Einmachglas vom Bücherbord, schraubte den Deckel ab, löste den fauligen Gummiring aus der Fuge, nahm die Pistole aus dem Karton, versenkte sie langsam im Mus; die Jungen beobachteten beide, wie der Spiegel des Eingemachten sich nur wenig hob, kaum über die Verengung des Halses hinaus. Griff legte den Gummiring wieder in die Fuge, schraubte den Deckel auf und stellte das Glas auf das Bücherbord zurück.

»Komm«, sagte er, und sein Gesicht war wieder hart und dunkel, »komm, wir holen uns deines Vaters Pistole.«

»Du kannst nicht mitgehen«, sagte Paul. »Ich muß ins Haus einsteigen, weil sie mir keinen Schlüssel gegeben haben, von hinten muß ich rein; es würde auffallen; sie haben mir keinen Schlüssel gegeben, weil sie glauben, daß ich zur Regatta komme.«

»Rudern«, sagte Griff, »Wassersport, das ist es, was sie im Kopf haben.« Er schwieg, und sie lauschten beide zum Fluß hin: Die Rufe der Eisverkäufer waren zu hören, Musik, Trompetenstöße, ein Dampfer tutete.

»Pause«, sagte Griff. »Noch Zeit genug. Gut, geh allein, aber versprich mir, daß du mit der Pistole herkommst. Versprichst du es mir?«

»Ja.«

»Gib mir die Hand.«

Sie gaben sich die Hände: Die waren warm und trocken, und sie wünschten beide, des anderen Hand wäre härter gewesen.

»Wie lange wirst du brauchen?«

»Zwanzig Minuten«, sagte Paul, »ich habe es so oft ausgedacht, aber noch nie getan – mit dem Schraubenzieher. Zwanzig Minuten werde ich brauchen.«

»Gut«, sagte Griff, warf sich auf dem Bett herum und nahm die Armbanduhr aus dem Nachttisch. »Es ist zehn vor sechs, um Viertel nach wirst du zurück sein.«

»Um Viertel nach«, sagte Paul. Er blieb zögernd in der Tür stehen, betrachtete die großen Kleckse an der Wand: gelb und rotblau. Schwärme von Fliegen klebten an den Kleckse, aber keiner von den Jungen rührte eine Hand, sie wegzuscheuchen. Lachen kam vom Flußufer herauf: Die Wasserclowns hatten begonnen, die Pause zu würzen. Ein »Ah« kam wie ein großer, sanfter Seufzer, die Jungen blickten erschrocken auf das Bettuch, als erwarteten sie, daß es sich blähen würde, aber es hing schlaff, gelblich, die Schmutzflecke waren dunkler geworden, die Sonne war weiter nach Westen gerückt.

»Wasserski«, sagte Griff, »die Weiber von der Hautcremefirma.« Ein »Oh« kam vom Fluß herauf, Stöhnen, und wieder blähte das Bettuch sich nicht.

»Die einzige«, sagte Griff leise, »die einzige, die wie eine Frau aussieht, ist die Mirzowa.« Paul rührte sich nicht.

»Meine Mutter«, sagte Griff, »hat den Zettel entdeckt, auf dem die Sachen von der Mirzowa standen – und ihr Bild.«

»Mein Gott«, sagte Paul, »hast du auch einen gehabt?«

»Ja«, sagte Griff, »ja. Ich hab' mein ganzes Taschengeld dafür gegeben – ich – ich weiß nicht, warum ich es getan habe. Ich hab' den Zettel gar nicht gelesen, hab' ihn ins Zeugnisheft gesteckt, und meine Mutter fand ihn. Weißt du, was drauf stand?«

»Nein«, sagte Paul, »nein, es ist sicher gelogen, und ich will es nicht wissen. Alles, was Kuffang tut, ist gelogen. Ich will…«

»Geh«, sagte Griff heftig, »geh schnell und hol die Pistole, komm zurück. Du hast es versprochen. Geh, geh.«

»Gut«, sagte Paul, »ich gehe.« Er wartete noch einen Augenblick, lauschte zum Fluß hin: Lachen drang herauf, Trompetenstöße. »Daß ich nie an die Mirzowa gedacht habe –« Und er sagte noch einmal: »Gut«, und ging.

2

Stempel können so sein, dachte sie, Miniaturen oder bunte Medaillen: Scharf ausgestochen waren die Bilder, rund und klar, eine ganze Serie. Sie sah es aus zwölfhundert Meter Entfernung, durchs Fernglas zwölffach vergrößert: die Kirche mit Sparkasse und Apotheke, mitten auf dem grauen Platz ein Eiskarren: das erste Bild, unverbindlich und unwirklich; ein Stück vom Flußufer, darüber als halbrunden Horizont grünes Wasser, Boote darauf, bunte Wimpel, das zweite Bild, die zweite Miniatur. Die Serie ließ sich beliebig erweitern: Hügel mit Wald und Denkmal; drüben – wie hießen sie doch? – Rhenania und Germania, fackeltragende, stabile Weibsbilder mit strengen Gesichtern auf Bronzesockeln, einander zugewandt; Weinberge, mit grünen Weinstöcken – salzig kam der Haß in ihr hoch, bitter und wohltuend: Sie haßte den Wein; immer sprachen sie vom Wein, und alles, was sie taten, sangen und glaubten, wurde mit Wein in einen feierlichen Zusammenhang gebracht: aufgedunsene Gesichter, Münder, aus denen saurer Atem kam, heisere Fröhlichkeit, Rülpser, kreischende Weiber, die schwammige Dummheit der Männer, die glaubten, diesem – wie hieß er doch? –

Bacchus ähnlich zu sein. Dieses Bild hielt sie lange fest: Dieses kleine Bild klebe ich bestimmt in das Album meiner Erinnerungen ein, rundes Bild aus Grün, Weinberg mit Stöcken. Vielleicht, dachte sie, könnte ich an dich glauben, du, der du ihr Gott bist, wäre es nicht Wein, aus dem dein Blut für sie verwandelt wird, verschwendet an sie, vergossen für diese nichtsnutzigen Dummköpfe. Scharf wird meine Erinnerung sein, so sauer, wie die Trauben um diese Zeit schmecken, wenn man sich eine von den erbsengroßen Beeren abpflückt. Klein waren alle Bilder, klar und zum Einkleben fertig; Miniaturen aus Himmelblau, Ufergrün, Flußgrün, Fahnenrot, mit Lärm untermischt, der unter die Bilder strömte, wie im Kino, gesprochener Text, hineingeschnittene Musik: Sprechchöre, Hurrarufe, Siegesgeheul, Trompetenklang, Lachen, und die kleinen, weißen Boote darin, so winzig wie Federn junger Vögel, so leicht auch und so schnell verweht, flink huschten die weißen Federn durchs grüne Wasser; wenn sie den Rand des Fernglases erreicht hatten, brauste der Lärm ein wenig stärker auf. So also werde ich alles in Erinnerung behalten: nur ein kleines Album voll Miniaturen. Eine winzige Drehung am Fernglas, und schon verschwamm alles, Rot mit Grün, Blau mit Grau; noch eine Drehung der Schraube, und es blieb nur ein runder Fetzen Nebel, in dem Lärm ertönte wie Hilfegeschrei einer verirrten Bergsteigergruppe, Rufe der Rettungsmannschaft.

Sie schwenkte das Glas, wanderte langsam damit über den Himmel, stach sich runde Stücke Blau heraus; so wie die Mutter, wenn sie Plätzchen buk, mit den Blechformen in den gleichmäßig gelben Teig stach, so stach sie in den gleichmäßig blauen Himmel: runde Plätzchen Himmel – blau, viele, viele. Aber auch dort, wo ich hinfahren werde, wird es blauen Himmel geben, wozu also diese Miniaturen ins Album kleben? Weg damit. Langsam ließ sie das Glas gleiten. Vorsicht, dachte sie, jetzt fliege ich, und sie spürte leichten Schwindel, als sie vom Blau des Himmels auf die Bäume der Allee zuflog, in weniger als einer Sekunde mehr als einen Kilometer durchmaß; an den Bäumen vorbei, über den grauen Schiefer des Nachbarhauses – dann sah sie in ein Zimmer hinein: eine Puderdose, eine Madonna, ein Spiegel, ein einzelner schwarzer Männerschuh auf blankem Fußboden; sie flog weiter, zum Wohnzimmer: ein Samowar, eine Madonna, ein großes Familienfoto, die Messingleiste für den Teppich und der braunrote, warme Schimmer von Mahagoni. Sie hielt an, aber noch schwang der Schwindel in ihr nach, pendelte nur langsam aus: Dann sah sie den offenen Karton mit den schneeweißen Tennisbällen in der Diele – wie häßlich diese Bälle aussehen, dachte sie, so wie an Frauenstatuen, die ich nicht mag, manchmal die Brüste aussehen; die Terrasse: ein Sonnenschirm, ein Tisch mit Decke und schmutzigem Geschirr, eine leere Weinflasche, auf der noch die weiße Stanniolkapsel steckte; o Vater, dachte sie, wie schön, daß ich zu dir fahren werde, und wie schön, daß du kein Weintrinker, sondern ein Schnapstrinker bist.

Vom Garagendach tropfte an einigen Stellen flüssiger Teer; dann erschrak sie, als Pauls Gesicht – vierundzwanzig Meter, unendlich weit und im Fernglas doch nur zwei Meter von ihr entfernt – direkt auf sie zukam. Sein bleiches Gesicht sah aus, als habe er etwas Verzweifeltes vor: Er blinzelte gegen die Sonne an, hatte die Arme mit geballten Fäusten schlaff herunterhängen, so als trüge er etwas, aber er trug nichts; leer waren diese Fäuste, verkrampft, er bog um die Garagenecke, schwitzend, mühsam atmend, sprang auf die Terrasse, Geschirr klirrte auf dem Tisch; er rappelte an der Tür, machte zwei Schritte nach links, schwang sich auf die Fensterbank und sprang ins Zimmer. Silbern sang der Samowar auf, als Paul gegen die Anrichte stieß; im Innern des Schrankes teilten die Ränder der Gläser einander die Erschütterung mit, zirpten noch, als der Junge weiterlief, über die Messingleiste an der Schwelle; bei den Tennisbällen stockte er, bückte sich, berührte die Bälle aber nicht; lange blieb er dort stehen, streckte wieder die Hände aus, fast wie zur Segnung oder Zärtlichkeit, zog plötzlich ein kleines Buch aus der Tasche, warf es auf den Boden, hob es wieder auf, küßte es und legte es auf den kleinen Kasten unter dem Garderobenspiegel; dann sah sie nur noch seine Beine, als er die Treppe hinauflief, und im Zentrum dieser Miniatur blieb der Karton mit den Tennisbällen.

Sie seufzte, senkte das Glas, ließ den Blick lange auf dem Muster des Teppichs ruhen: Rostrot war er, schwarz gemustert mit unzähligen Quadraten, die sich zu Labyrinthen miteinander verbanden, immer sparsamer wurde zur Mitte jedes Labyrinths das Rot, heftiger das Schwarz, stechend fast in seiner Makellosigkeit.

Sein Schlafzimmer lag vorn, zur Straße hin; sie wußte es noch aus der Zeit, als er mit ihr noch hatte spielen dürfen: Es mußte ein oder zwei Jahre her sein; sie hatte es so lange gedurft, bis er angefangen hatte, mit so merkwürdiger Hartnäckigkeit auf ihre Brust zu starren, daß es sie im Spiel störte, und sie hatte gefragt: Was guckst du so, willst du es sehen?, und er hatte wie im Traum genickt; sie hatte die Bluse geöffnet, und erst, als es zu spät war, hatte sie gewußt, daß es falsch war; daß es falsch war, sah sie nicht einmal in seinen Augen, sondern in den Augen seiner Mutter, die die ganze Zeit über im Zimmer gewesen war, nun herbeikam und schrie, während das Dunkle in ihren Augen hart wurde wie Stein – ach, auch diesen Schrei muß ich auf einer der Schallplatten meiner Erinnerung festhalten; so müssen die Schreie gewesen sein bei den Hexenverbrennungen, von denen der Mann immer erzählte, der mit Mutter diskutieren kam; er sah aus wie ein Mönch, der nicht mehr an Gott glaubt – und die Mutter sah aus wie eine Nonne, die nicht mehr an ihren Gott glaubt: heimgekehrt in dieses Zischbrunn, nach Jahren bitterer Enttäuschung, salzigen Irrtums, konserviert in ihrem verlorenen Glauben an etwas, das Kommunismus hieß, schwimmend in der Lauge der Erinnerung an einen Mann, der Mirzow hieß, Schnaps trank und den Glauben, den sie verlor, nie gehabt hatte; salzig wie ihr Herz waren auch die Worte der Mutter.

Schrei über Teppichmuster hin, zerstörtes Spiel am Boden: Modelle von Eigenheimen, für die sein Vater vor zwanzig Jahren einmal Generalvertreter gewesen war, Häuschen, wie sie seit zwanzig Jahren nicht mehr gebaut wurden; alte Rohrpostbüchsen aus dem Bankhaus, Seilmuster, die der andere Junge – ja, Griff hieß er – beigesteuert hatte; Korken verschiedener Größe, verschiedener Form; Griff war an diesem Nachmittag nicht dabeigewesen. Alles zerstört von diesem Schrei, der für die Zukunft wie ein Fluch über ihr hängenblieb: Sie war das Mädchen, das getan hatte, was man nicht tut.

Während sie seufzte, ruhte ihr Auge lange auf dem rostroten Teppich, bewachte die blinkende Schwelle, auf der seine braunen Halbschuhe wieder erscheinen mußten.

Müde schwenkte sie zum Tisch hinüber: unter dem Sonnenschirm auf der Terrasse ein Obstkorb, dunkelbraunes Geflecht voller Apfelsinenschalen, die Weinflasche mit dem Etikett: »Zischbrunner Mönchsgarten«; Stilleben reihten sich nun nebeneinander, unterströmt vom Lärm der Regatta; schmutzige Teller mit Spuren von Eiskrem; die zusammengefaltete Abendzeitung, sie konnte das zweite Wort der Schlagzeile lesen: »Chruschtschew«, das zweite der zweiten Zeile: »offenes Grab«; Zigaretten mit braunem Filtermundstück, andere weiß, im Aschenbecher zerdrückt, ein Prospekt von einer Eisschrankfirma – aber sie hatten doch längst einen! –, eine Streichholzschachtel; rotbraun das Mahagoni, wie gemaltes Feuer auf alten Bildern; strahlend der Samowar auf dem Büfett, silbern und blank, seit Jahren unbenutzt, leuchtend wie eine seltsame Trophäe; Teewagen mit Salzfaß und Senftopf, das große Familienfoto: die Kinder mit Eltern am Tisch in einem Ausflugslokal, im Hintergrund der Weiher mit Schwänen, dann die Kellnerin mit dem Tablett, auf dem zwei Bierkrüge und drei Limonadeflaschen standen; vorn die Familie am Tisch: rechts, von der Seite zu sehen, der Vater, hielt eine Gabel vor der Brust, auf die ein Stück Fleisch gespießt war, Nudeln ringelten sich ums Fleisch herum, links die Mutter, zerknüllte Serviette in der linken, einen Löffel in der rechten Hand; in der Mitte die Kinder, mit den Köpfen unter dem Rand des Tabletts der Kellnerin: Eisbecher reichten ihnen bis zum Kinn, Lichtflecken, vom Laub gefiltert, lagen auf ihren Wangen, in der Mitte, eingerahmt von den Lockenköpfen der Schwestern, der, der eben so lange bei den Tennisbällen stehengeblieben, dann nach oben gelaufen war: Noch hatten seine braunen Halbschuhe die Messingleiste nicht wieder überschritten.

Wieder die Bälle, rechts davon die Garderobe, Strohhüte, ein Regenschirm, ein Leinenbeutel, aus dem der Stiel einer Schuhbürste hervorsah; im Spiegel das große Bild, das links in der Diele hing: eine Frau, die Trauben pflückte, mit traubigen Augen, traubigem Mund.

Müde setzte sie das Glas ab, und ihre Augen stürzten über die verlorene Distanz hinweg, schmerzten, sie schloß sie. Rostrote und schwarze Kreise tanzten hinter ihren geschlossenen Lidern, sie öffnete sie wieder, erschrak, als sie Paul über die Schwelle kommen sah; er hatte etwas in der Hand, das silbern im Sonnenschein blitzte, und diesmal blieb er nicht bei den Tennisbällen stehen; nun, da sie sein Gesicht ohne Glas sah – herausgeworfen war es aus ihrer Sammlung von Miniaturen –, nun war sie sicher, daß er etwas Verzweifeltes tun würde: Wieder sang der Samowar, wieder teilten die Gläser im Innern des Schrankes einander die Erschütterung mit, zirpten wie Weiber, die sich Geheimnisse verraten; Paul kniete in der Fensterecke auf dem Teppich, sie sah von ihm nur noch den rechten Ellenbogen, der sich wie ein Kolben gleichmäßig bewegte, immer wieder nach vorne in einer bohrenden Bewegung verschwand – sie suchte erregt in ihrer Erinnerung, woher sie diese Bewegung kannte, ahmte dieses bohrende Pumpen nach und wußte es: Er hatte einen Schraubenzieher in der Hand; das rot-gelb karierte Hemd kam, ging, stand still – Paul flog ein Stück nach rückwärts, sie sah sein Profil, hob das Glas an die Augen, erschrak über die plötzliche Nähe und blickte in die offene Schublade: Blaue Scheckbücher lagen da, waren mit weißer Schnur säuberlich gebündelt, und Kontoauszüge, die in ihren Lochungen durch blaue Schnur verbunden waren; hastig stapelte Paul die Pakete neben sich auf den Teppich, drückte dann etwas an die Brust, das in einen blauen Lappen eingewickelt war, legte es auf den Boden, stapelte die Scheckbücher und Kontoauszüge wieder in die Schublade zurück, und wieder sah sie nur, während das Bündel in dem blauen Lappen neben ihm lag, die pumpende, bohrende Bewegung seines Ellenbogens.

Sie schrie, als er den Lappen abgewickelt hatte: Schwarz, glatt, ölig glänzend lag die Pistole in der Hand, die viel zu klein für sie war; es schien, als habe das Mädchen den Schrei durchs Fernglas auf ihn geschossen; er wandte sich um, sie ließ das Glas sinken, kniff die schmerzenden Augen zusammen und rief: »Paul! Paul!«

Er hielt die Pistole vor seine Brust, als er langsam aus dem Fenster auf die Terrasse kletterte.

»Paul«, rief sie, »komm doch durch den Garten hierher.«

Er steckte die Pistole in die Tasche, hielt die Hand vor die Augen, ging langsam die Stufen hinunter, über den Rasen, schlurfte über den Kies am Springbrunnen, ließ die Hand sinken, als er plötzlich im Schatten der Laube stand.

»Ach«, sagte er, »du bist es.«

»Kanntest du meine Stimme nicht mehr?«

»Nein – was willst du?«

»Ich gehe weg«, sagte sie.

»Ich geh' auch weg«, sagte er, »was soll das? Alle gehen weg, fast alle. Ich fahre morgen nach Zalligkofen.«

»Nein«, sagte sie, »ich geh' für immer, zu meinem Vater, nach Wien –«, und es fiel ihr ein: Wien, auch das hatte irgendwas mit Wein zu tun, jedenfalls in den Liedern.

»Wein«, sagte er, »dort unten – und da bleibst du?«

»Ja.«

Sein Blick, der zu ihr heraufkam, fast senkrecht, unbewegt und wie in Verzückung, erschreckte sie: Ich bin nicht dein Jerusalem, dachte sie, nein, ich bin es nicht, und doch ist dein Blick, wie der Blick der Pilger sein muß, wenn sie die Türme ihrer Heiligen Stadt sehen.

»Ich habe –«, sagte sie leise, »alles hab' ich gesehen.«

Er lächelte. »Komm herunter«, sagte er, »komm doch herunter.«

»Ich kann nicht«, sagte sie, »meine Mutter hat mich eingeschlossen, ich darf nicht raus, bis der Zug fährt, aber du...« Sie schwieg plötzlich, atmete mühsam, flach, die Erregung drückte ihr die Luft ab, und sie sagte, was sie nicht hatte sagen wollen: »Aber du, komm du doch herauf.«

Ich bin nicht dein Jerusalem, dachte sie, nein, nein; er senkte den Blick nicht, als er fragte: »Wie soll ich hinaufkommen?«

»Wenn du aufs Dach der Laube kommst, geb' ich dir die Hand und helf' dir auf die Veranda.«

»Ich – es wartet jemand auf mich«, aber er prüfte schon die Latten der Pergola auf ihre Festigkeit; sie waren neu vernagelt und neu gestrichen worden, dichtes, dunkles, Weinlaub wuchs an den Latten hoch, die sich wie eine Leiter anboten. Schwer schlug ihm die Pistole gegen die Oberschenkel; als er sich an der Wetterfahne hochzog, fiel ihm Griff ein, der jetzt in seiner Bude dort lag, von Fliegen umsummt, mit bleicher Brust und roten Wangen, und Paul dachte an die kleine flache Nickelpistole: Ich muß Griff fragen, ob Nickel oxydiert, dann muß er verhindern, daß sie aus dem Glas essen.

Die Hände des Mädchens waren größer und fester als Griffs Hände, größer und fester auch als seine eigenen: Er spürte es und schämte sich deswegen, als sie ihm half, vom First des Gartenhauses auf die Brüstung der Veranda zu steigen.

Er klopfte sich den Schmutz von den Händen und sagte, ohne das Mädchen anzusehen: »Komisch, daß ich wirklich hier oben bin.«

»Ich bin froh, daß du da bist, schon seit drei bin ich eingesperrt.«

Er blickte vorsichtig zu ihr hin, auf ihre Hand, die den Mantel über der Brust zusammenhielt.

»Warum hast du den Mantel an?«

»Du weißt doch.«

»Darum?«

»Ja.«

Er ging näher auf sie zu. »Du bist sicher froh, daß du wegkommst?«

»Ja.«

»Ein Junge«, sagte er leise, »hat heute morgen in der Schule Zettel verkauft, mit Sachen über dich und einem Bild von dir.«

»Ich weiß«, sagte sie, »und er hat gesagt, daß ich Geld abbekomme von dem, was er für die Zettel kriegt, und daß er mich gesehen hat, so wie er mich gemalt hat. Es ist alles nicht wahr.«

»Ich weiß das«, sagte er, »er heißt Kuffang; er ist dumm und lügt, alle wissen es.«

»Aber *das* glauben sie ihm.«

»Ja«, sagte er, »es ist merkwürdig, das glauben sie ihm.«

Sie zog den Mantel noch enger um ihre Brust. »Deshalb muß ich so plötzlich weg, schnell, ehe alle vom Rennen zurück sind – sie lassen mir ja schon lange keine Ruhe. Du stellst deinen Körper zur Schau, sagen sie; sie sagen es, wenn ich ein offenes Kleid anziehe, und sagen es auch, wenn ich ein geschlossenes anziehe – und Pullover: Dann werden sie wild – aber irgend etwas muß ich ja anziehen.«

Er beobachtete sie kalt, während sie weitersprach; er dachte: Sie – daß ich nie an sie gedacht habe, nie. Ihr Haar war blond, blond auch erschienen ihm ihre Augen, sie hatten eine Farbe wie frisch gehobeltes Buchenholz: blond und ein wenig feucht.

»Ich stelle meinen Körper gar nicht zur Schau«, sagte sie, »ich hab' ihn nur.«

Er schwieg, schob die Pistole, die ihm schwer auf dem

Schenkel lag, mit der rechten Hand ein wenig höher. »Ja«, sagte er, und sie fürchtete sich: Er hatte wieder dieses Traumgesicht: Wie blind war er damals gewesen, diese leeren, dunklen Augen schienen in einer unberechenbaren Brechung auf sie und doch an ihr vorbei zu fallen; und auch jetzt wieder sah er wie ein Blinder aus.

»Der Mann«, sagte sie hastig, »der manchmal zu meiner Mutter kommt, um mit ihr zu diskutieren, der alte, weißhaarige, kennst du ihn?« – es war still, der Lärm vom Fluß her war zu fern, um diese Stille zu stören – »Kennst du ihn?« fragte sie schärfer.

»Natürlich kenn' ich ihn«, sagte er, »der alte Dulges.«

»Ja, der – er hat mich manchmal so angesehen und gesagt: Vor dreihundert Jahren hätten sie dich als Hexe verbrannt. Knisterndes Frauenhaar, sagte er, und der tausendfache Schrei ihrer dumpfen Seelen, die Schönheit nicht dulden können.«

»Warum hast du mich raufgerufen?« fragte er. »Um mir das zu sagen?«

»Ja«, sagte sie, »und weil ich sah, was du da machtest.«

Er zog die Pistole aus der Tasche, hob sie hoch und wartete lächelnd drauf, daß sie schreien würde, aber sie schrie nicht.

»Was willst du damit tun?«

»Ich weiß nicht, auf was schießen.«

»Auf was?«

»Vielleicht auf mich.«

»Warum?«

»Warum?« sagte er. »Warum? Sünde, Tod. Todsünde. Verstehst du das?« Langsam, ohne sie zu berühren, schob er sich an ihr vorbei, in die offene Küchentür hinein und lehnte sich seufzend gegen den Schrank; das Bild hing noch da, das er schon so lange nicht mehr gesehen, an das er manchmal gedacht hatte: Fabrikschornsteine, aus denen roter Rauch stieg, viele Rauchfahnen, die sich am Himmel zu einer blutigen Wolke vereinigten. Das Mädchen war in die Tür getreten, hatte sich ihm zugewandt. Schatten lagen über ihrem Gesicht, und sie sah wie eine Frau aus. »Komm herein«, sagte er, »man könnte uns sehen, es wäre nicht gut für dich – du weißt.«

»In einer Stunde«, sagte sie, »werde ich im Zug sitzen, hier – hier ist die Fahrkarte: keine Rückfahrkarte.« Sie hielt die braune Karte hoch, er nickte, und sie steckte die Karte wieder in die Manteltasche zurück. »Ich werde meinen Mantel ausziehen und einen Pullover anhaben, einen Pullover, verstehst du?«

Er nickte wieder. »Eine Stunde ist eine lange Zeit. Verstehst du, was Sünde ist? Tod. Todsünde?«

»Einmal«, sagte sie, »wollte der Apotheker – auch der Lehrer, der bei euch Geschichte gibt.«

»Drönsch?«

»Ja, der – ich weiß, was sie wollen; ich weiß aber nicht, was die Worte bedeuten, die sie sagen. Ich weiß auch, was Sünde ist, aber ich verstehe es so wenig wie das, was die Jungen mir manchmal nachriefen, wenn ich allein nach Hause kam, im Dunkeln; aus den Fluren riefen sie es mir nach, aus den Fenstern, aus Autos manchmal, sie riefen mir Sachen nach, von denen ich wußte, was sie bedeuten, aber ich verstand sie nicht. Weißt du's?«

»Ja.«

»Was ist es?« sagte sie. »Quält es dich?«

»Ja«, sagte er, »sehr.«

»Auch jetzt?«

»Ja«, sagte er, »quält es dich nicht?«

»Nein«, sagte sie, »es quält mich nicht – es macht mich nur unglücklich, daß es da ist und daß andere etwas wollen – und daß sie mir nachrufen. Sag mir doch, warum denkst du daran, dich zu erschießen? Darum?«

»Ja«, sagte er, »nur darum. Weißt du, was es heißt: Was du auf Erden binden wirst, wird auch im Himmel gebunden sein?«

»Ich weiß es«, sagte sie, »manchmal bin ich in der Klasse geblieben, wenn sie Religion hatten.«

»So«, sagte er, »dann weißt du vielleicht auch, was Sünde ist. Tod.«

»Ich weiß«, sagte sie, »glaubst du es wirklich?«

»Ja.«

»Alles?«

»Alles.«

»Du weißt, daß ich es nicht glaube – aber ich weiß, daß es die schlimmste Sünde ist, sich zu erschießen oder – ich habe es gehört«, sagte sie lauter, »mit diesen meinen Ohren«, sie zupfte sich mit der linken Hand am Ohr, hielt mit der rechten weiter den Mantel fest, »mit diesen meinen Ohren habe ich gehört, wie der Priester sagte: Man darf Gott das Geschenk des Lebens nicht vor die Füße werfen.«

»Geschenk des Lebens«, sagte er scharf, »und Gott hat keine Füße.«

»Nein?« sagte sie leise, »hat er keine Füße, sind sie nicht durchbohrt worden?«

Er schwieg, errötete dann und sagte leise: »Ich weiß.«

»Ja«, sagte sie, »wenn du wirklich alles glaubst, wie du sagst, dann mußt du auch das glauben. Glaubst du es?«

»Was?«

»Daß man das Leben nicht wegwerfen darf?«

»Ach«, sagte er und hob die Pistole senkrecht in die Luft.

»Komm«, sagte sie leise, »tu sie weg. Es sieht so dumm aus. Bitte, tu sie weg.«

Er steckte die Pistole in die rechte Tasche, fuhr in die linke und nahm die drei Magazine heraus. Glanzlos lagen die Blechhülsen auf seinem Handteller. »Das wird wohl langen«, sagte er.

»Schieß auf etwas anderes«, sagte sie, »zum Beispiel auf –«; sie drehte sich und blickte auf sein Elternhaus zurück, durch das offene Fenster. »Auf die Tennisbälle«, sagte sie.

Röte fiel wie Dunkelheit über ihn, seine Hände wurden schlaff, die Magazine fielen aus seiner Hand. »Wie kannst du wissen –?« murmelte er.

»Was wissen?«

Er bückte sich, hob die Magazine vom Boden auf, schob eine Patrone, die herausgefallen war, vorsichtig in die Federung zurück; er blickte durchs Fenster auf das Haus, das offen in der Sonne dalag: Weiß und hart lagen dort hinten die Tennisbälle im Karton.

Hier, in dieser Küche, roch es nach Badewasser, Seife, nach Frieden und frischem Brot, nach Kuchen; rote Äpfel lagen auf dem Tisch, eine Zeitung, und eine halbe Gurke, deren Schnittfläche hell war, grün und wässerig, zur Schale hin wurde das Gurkenfleisch dunkel und fest.

»Ich weiß auch«, sagte das Mädchen, »was sie gegen die Sünde taten. Ich habe es gehört.«

»Wer?«

»Eure Heiligen. Der Priester erzählte davon: Sie schlugen sich, sie fasteten und beteten, keiner von ihnen tötete sich.« Sie wandte sich dem Jungen zu, erschrak: Nein, nein, ich bin nicht dein Jerusalem.

»Sie waren nicht vierzehn«, sagte der Junge, »nicht fünfzehn.«

»Manche wohl«, sagte sie.

»Nein«, sagte er, »nein, es ist nicht wahr, die meisten bekehrten sich erst, nachdem sie gesündigt hatten.« Er kam näher, schob sich an der Fensterbank vorbei auf sie zu.

»Du lügst«, sagte sie, »manche haben gar nicht erst gesündigt – ich glaube das ja alles gar nicht – am ehesten glaube ich noch an die Mutter Gottes.«

»Am *ehesten*«, sagte er verächtlich, »aber sie war doch die Mutter *Gottes.*«

Er sah dem Mädchen ins Gesicht, wandte sich ab und sagte leise: »Entschuldige... ja, ja, ich habe es versucht. Gebetet.«

»Und gefastet?«

»Ach«, sagte er, »fasten – ich mach' mir nichts aus Essen.«

»Das ist nicht fasten. Und geschlagen. Ich würde es tun, ich würde mich schlagen, wenn ich glaubte.«

»Du«, sagte er leise, »quält es dich wirklich nicht?«

»Nein«, sagte sie, »es quält mich nicht, etwas zu *tun*, etwas zu sehen, etwas zu sagen – aber dich, ja?«

»Ja.«

»Schade«, sagte sie, »daß du so katholisch bist.«

»Warum schade?«

»Sonst würde ich dir meine Brust zeigen. Ich würde sie dir so gern zeigen – dir –, alle sprechen darüber, die Jungens rufen mir Sachen nach, aber noch nie hat jemand sie gesehen.«

»Noch nie?«

»Nein«, sagte sie, »noch nie.«

»Zeig es mir«, sagte er.

»Es wird nicht dasselbe sein wie damals, du weißt.«

»Ich weiß«, sagte er.

»War es schlimm für dich?«

»Nur, weil Mutter so schlimm war. Sie war ganz außer sich und erzählte es überall. Für mich war es nicht schlimm. Ich hätte es vergessen. Komm«, sagte er.

Ihr Haar war glatt und hart; das überraschte ihn, er hatte geglaubt, es müsse weich sein, aber es war so, wie er sich Glasfäden vorstellte.

»Nicht hier«, sagte sie; sie schob ihn vor sich her, langsam, denn er ließ ihren Kopf nicht los, beobachtete scharf ihr Gesicht, während sie beide sich wie in einem fremden, von ihnen erfundenen Tanzschritt von der offenen Verandatür weg durch die Küche schoben; er schien auf ihren Füßen zu stehen, sie ihn mit jedem Schritt hochzuheben.

Sie öffnete die Küchentür, schob ihn langsam durch die Diele, öffnete die Tür zu ihrem Zimmer.

»Hier«, sagte sie, »in meinem Zimmer, nicht dort.«

»Mirzowa«, flüsterte er.

»Wie kommst du auf diesen Namen? Mirzow heiße ich, und Katharina.«

»Alle nennen dich so, und ich kann nicht anders an dich denken. Zeig es mir jetzt.« Er wurde rot, weil er wieder »es« gesagt hatte und nicht »sie«.

»Es macht mich traurig«, sagte sie, »daß es für dich eine Sünde ist.«

»Ich will es sehen«, sagte er.

»Niemand –«, sagte sie, »mit niemand darfst du darüber sprechen.«

»Nein.«

»Versprichst du es?«

»Ja – aber einem muß ich es sagen.«

»Wem?«

»Denk nach«, sagte er leise, »denk nach, du weißt das doch alles.« Sie biß sich auf die Lippen, hielt immer noch den Mantel fest um die Brust gerafft, sah ihn nachdenklich an und sagte: »Natürlich, dem darfst du es sagen, aber niemand sonst.«

»Nein«, sagte er, »zeig es mir jetzt.«

Wenn sie lacht oder kichert, dachte er, schieß ich; aber sie lachte nicht: Sie zitterte vor Ernst, ihre Hände flatterten, als sie die Knöpfe öffnen wollte, ihre Finger waren eiskalt und starr.

»Komm her«, sagte er leise und sanft, »ich mache es.« Seine Hände waren ruhig, sein Schrecken saß tiefer als der ihre; unten in den Fußgelenken spürte er ihn, es schien ihm, als seien sie biegsam wie Gummi und er würde umkippen. Er öffnete die Knöpfe mit der rechten Hand, fuhr mit der linken dem Mädchen übers Haar, wie um sie zu trösten.

Ihre Tränen kamen ganz plötzlich, lautlos, ohne Ankündigung, ohne Getue. Sie liefen einfach die Wangen herunter.

»Warum weinst du?«

»Ich habe Angst«, sagte sie, »du nicht?«

»Ich auch«, sagte er, »ich habe auch Angst.« Er war so unruhig, daß er den letzten Knopf fast abgerissen hätte, und er atmete tief, als er die Brust der Mirzowa sah; er hatte Angst gehabt, weil er sich vor dem Ekel fürchtete, vor dem Augenblick, wo er aus Höflichkeit würde heucheln müssen, um diesen Ekel zu verbergen, aber er ekelte sich nicht und brauchte nichts zu verbergen. Er seufzte noch einmal. So plötzlich, wie sie gekommen waren, hörten die Tränen des Mädchens auf zu fließen. Sie blickte ihn gespannt an: Jede Regung seines Gesichts, den Ausdruck seiner Augen, alles nahm sie genau in sich auf, und jetzt schon wußte sie, daß sie ihm Jahre später einmal dankbar sein würde, weil er es gewesen war, der die Knöpfe geöffnet hatte.

Er blickte genau hin, berührte sie nicht, schüttelte nur den Kopf, und ein Lachen stieg in ihm auf.

»Was ist«, fragte sie, »darf ich auch lachen?«

»Lach nur«, sagte er, und sie lachte.

»Es ist sehr schön«, sagte er, und er schämte sich wieder, weil er »es« gesagt hatte, nicht »sie«, aber er konnte dieses »sie« nicht aussprechen.

»Mach es wieder zu«, sagte sie.

»Nein«, sagte er, »mach du es zu, aber warte noch einen Augenblick.« Still war es, scharf drang das Sonnenlicht durch den gelben Vorhang, der dunkelgrün gestreift war. Dunkle Streifen lagen auch über den Gesichtern der Kinder. Mit vierzehn, dachte der Junge, kann man noch keine Frau haben.

»Laß mich's zumachen«, sagte das Mädchen.

»Ja«, sagte er, »mach es zu«, aber er hielt ihre Hände noch einen Augenblick zurück, und das Mädchen sah ihn an und lachte laut heraus.

»Warum lachst du jetzt?«

»Ich bin so froh, und du?«

»Ich auch«, sagte er, »ich bin froh, daß es so schön ist.«

Er ließ ihre Hände los, ging ein paar Schritte zurück und wandte sich ab, als sie die Bluse zuknöpfte.

Er ging um den Tisch herum, betrachtete den offenen Koffer, der auf dem Bett lag, Pullover waren übereinander gestapelt, Wäsche zu Päckchen sortiert, das Bett war schon abgezogen, der Koffer lag auf dem blauen Bezug der Matratzen.

»Du wirst also wirklich fahren?« fragte er.

»Ja.«

Er ging weiter, blickte in den offenen Kleiderschrank: Nur leere Bügel hingen dort, an einem baumelte noch eine rote Haarschleife. Er klappte die Schranktüren zu, blickte auf das Bücherbord, das über ihrem Bett hing: Nur noch ein gebrauchtes Löschblatt lag da, eine Broschüre, schräg gegen die Wand gestellt, war liegengeblieben: ›Was jeder vom Weinbau wissen muß.‹

Als er sich umblickte, lag der Mantel auf dem Boden. Er hob ihn auf, warf ihn über den Tisch und lief hinaus.

Sie stand mit dem Fernglas in der Hand in der Küchentür, zuckte zusammen, als er ihr die Hand auf die Schulter legte, ließ das Glas sinken und sah ihn erschrocken an.

»Geh jetzt«, sagte sie, »du mußt jetzt gehen.«

»Laß mich's noch einmal sehen.«

»Nein, die Regatta ist bald zu Ende, jetzt kommt meine Mutter, um mich zum Zug zu bringen. Du weißt, was passiert, wenn dich jemand hier sieht.«

Er schwieg, ließ seine Hand auf ihrer Schulter. Sie lief schnell weg, an die andere Seite des Tisches, nahm ein Messer aus der Schublade, schnitt sich ein Stück von der Gurke ab, biß hinein, legte das Messer wieder hin. »Geh«, sagte sie, »wenn du mich noch lange so anstarrst, siehst du aus wie der Apotheker oder wie dieser Drönsch.«

»Sei still«, sagte er. Sie sah ihn erstaunt an, als er plötzlich auf sie zukam, sie an der Schulter packte; sie führte über seinen Arm hinweg das Stück Gurke zum Mund und lächelte. »Verstehst du denn nicht«, sagte sie, »ich war so froh.«

Er blickte zu Boden, ließ sie los, ging zur Veranda, sprang auf die Brüstung und rief: »Gib mir deine Hand.« Sie lachte, lief zu ihm hin, legte das Stück Gurke aus der Hand und hielt ihn mit beiden Händen fest, stemmte sich gegen die Mauer, während sie ihn langsam aufs Dach der Laube herunterließ.

»Irgend jemand wird uns schon gesehen haben«, sagte er.

»Sicher«, sagte sie, »kann ich loslassen?«

»Noch nicht. Wann kommst du aus Wien zurück?«

»Bald«, sagte sie, »soll ich bald kommen?« Er stand schon mit beiden Füßen auf dem Dach und sagte: »Jetzt kannst du loslassen.« Aber sie ließ nicht los, sie lachte: »Ich komme zurück. Wann soll ich kommen?«

»Wenn ich es wieder sehen darf.«

»Das kann lange dauern.«

»Wie lange?«

»Ich weiß nicht«, sagte sie, sah ihn nachdenklich an. »Zuerst sahst du aus wie im Traum, dann plötzlich fast wie der Apotheker; ich will nicht, daß du so aussiehst und Todsünden tust und gebunden wirst.«

»Laß jetzt los«, sagte er, »oder zieh mich wieder rauf.«

Sie lachte, ließ ihn los, nahm das Stück Gurke wieder von der Brüstung und biß hinein.

»Auf etwas schießen muß ich«, sagte er.

»Schieß nicht auf Lebendes«, sagte sie, »schieß auf Tennisbälle oder auf – auf Einmachgläser.«

»Wie kommst du auf Einmachgläser?«

»Ich weiß nicht«, sagte sie, »ich könnte mir denken, daß es herrlich ist, auf Einmachgläser zu schießen. Es klirrt sicher und spritzt – warte«, sagte sie hastig, als er sich abwenden und hinunterklettern wollte; er wandte sich zurück und blickte sie ernst an. »Und du könntest«, sagte sie leise, »an der Schranke stehen, am Wasserturm, weißt du, und könntest in die Luft schießen, wenn mein Zug vorbeifährt. Ich werde im Fenster liegen und winken.«

»O ja«, sagte er, »das werde ich tun, wann fährt dein Zug?«

»Zehn nach sieben«, sagte sie, »dreizehn nach passiert er die Schranke.«

»Dann wird es Zeit«, sagte er, »auf Wiedersehen, du kommst zurück?«

»Ich werde kommen«, sagte sie, »sicher.« Und sie biß sich auf die Lippen und sagte leise noch einmal: »Ich werde kommen.«

Sie sah ihm zu, wie er sich an der Wetterfahne festhielt, bis seine Füße die Latten der Pergola erreicht hatten. Er lief über den Rasen, auf die Terrasse, kletterte ins Haus, sie sah ihn wieder über die Messingleiste gehen, den Karton mit den Tennisbällen aufnehmen, zurückkehren, sie hörte den Kies unter seinen Füßen knirschen, als er mit dem Karton unter dem Arm an der Garage vorbei wieder auf die Straße lief.

Hoffentlich vergißt er nicht, sich noch einmal umzuwenden und zu winken, dachte sie. Dort stand er schon, winkte, an der Ecke der Garage, zog die Pistole aus der Tasche, drückte sie mit dem Lauf gegen den Karton und winkte noch einmal, bevor er um die Ecke lief und verschwand.

Sie flog mit dem Fernglas wieder hoch, stach sich runde Stücke Blau heraus, Medaillen aus Himmel; Rhenania und Germania, Flußufer mit Regattawimpel, runder Horizont aus Flußgrün mit Fetzen von Fahnenrot.

Mein Haar würde schön knistern, dachte sie, es knisterte schon, als er es berührte. Und auch in Wien gibt es Wein.

Weinberg: hellgrün, saure Trauben, Laub, das sich die Fettsäcke um ihre Glatzen banden, um diesem Bacchus ähnlich zu sein. Sie suchte die Straßen ab, dort, wo sie mit dem Glas in sie einfallen konnte: Die Straßen waren leer, sie sah nur parkende Autos; der Eiskarren stand noch da, den Jungen fand sie nicht, ich werde, dachte sie lächelnd, während sie das Glas wieder zum Fluß schwenkte, ich werde doch dein Jerusalem sein.

Sie wandte sich nicht um, als die Mutter die Haustür aufschloß und in die Diele trat. Schon Viertel vor sieben, dachte sie, hoffentlich schafft er es, bis dreizehn nach an der Schranke zu sein. Sie hörte, wie das Kofferschloß zuschnappte und der winzige Schlüssel darin umgedreht wurde, hörte die harten Schritte, und sie zuckte zusammen, als der Mantel über ihre Schultern fiel; die Hände der Mutter blieben auf ihren Schultern liegen.

»Hast du das Geld?«

»Ja.«

»Die Fahrkarte?«

»Ja.«

»Die Brote?«

»Ja.«

»Den Koffer ordentlich gepackt?«

»Ja.«

»Nichts vergessen?«

»Nein.«

»Niemand etwas erzählt?«

»Nein.«

»Die Adresse in Wien?«

»Ja.«

»Die Telefonnummer?«

»Ja.«

Dunkel war die kleine Pause, erschreckend, die Hände der Mutter glitten an ihren Schultern herunter, über ihre Unterarme. »Ich fand es besser, nicht hier zu sein in den letzten Stunden. Es ist leichter, ich weiß es. Ich habe so oft Abschied genommen – und es war gut, daß ich dich einschloß, du weißt es.«

»Es war gut, ich weiß es.«

»Dann komm jetzt...« Sie wandte sich um; es war schlimm, die Mutter weinen zu sehen, es war fast, als wenn ein Denkmal weinte: Die Mutter war immer noch schön, aber dunkel war diese Schönheit, hager. Ihre Vergangenheit hing über ihr wie ein schwarzer Heiligenschein. Fremde Vokabeln schwangen in der Legende von Mutters Leben mit: Moskau – Kommunismus – rote Nonne, ein Russe, der Mirzow hieß; den Glauben verloren, Flucht, und im Hirn turnten die Dogmen des verlorenen Glaubens weiter; es war wie in einem Webstuhl, dessen Spulen sich weiterdrehten, obwohl die Wolle ausgegangen war: Herrliche Muster ins Nichts gewebt, nur das Geräusch blieb, der Mechanismus blieb; wenn nur ein Gegenpol da war: Dulges, die Stadtväter, der Pfarrer, die Lehrerinnen, die

Nonnen; wenn man die Augen schloß, konnte man auch an Gebetsmühlen denken, Gebetsmühlen der Ungläubigen, die rastlose, vom Winde gedrehte Klapper, die Diskussion hieß; nur manchmal, sehr selten, hatte die Mutter ausgesehen, wie sie jetzt aussah: wenn sie Wein getrunken hatte, und die Leute sagten dann: Ach, sie ist doch ein echtes Zischbrunner Mädchen geblieben.

Es war gut, daß die Mutter rauchte; auf die Zigarette zufließend, von Rauch umhüllt, sahen die Tränen nicht so ernst aus, eher wie gespielte Tränen, aber Tränen würde die Mutter am wenigsten spielen.

»Ich werde es ihnen heimzahlen«, sagte sie, »es quält mich zu sehr, daß du weg mußt. Daß ich nachgeben muß.«

»Komm doch mit mir.«

»Nein, nein – du wirst zurückkommen, ein, zwei Jahre vielleicht, und du wirst zurückkommen. Tu niemals das, was sie von dir denken. Tu's nicht, und komm jetzt.«

Sie schlüpfte in die Ärmel des Mantels, knöpfte ihn zu, tastete nach der Fahrkarte, nach dem Portemonnaie, lief in ihr Schlafzimmer, aber die Mutter schüttelte den Kopf, als sie den Koffer nehmen wollte. »Nein, laß«, sagte sie, »und schnell jetzt – es wird Zeit.«

Hitze hing im Treppenhaus, Weindunst stieg aus dem Keller hoch, wo der Apotheker Wein auf Flaschen gefüllt hatte: säuerlicher Geruch, der zum verschwommenen Violett der Tapete zu passen schien. Die engen Gassen: die dunklen Fensterhöhlen, Hauseingänge, aus denen ihr die Sachen nachgerufen worden waren, Sachen, die sie nicht verstand. Schnell. Stärker war jetzt der Lärm, der vom Flußufer kam, Autos wurden angelassen: Die Regatta war zu Ende. Schnell.

Der Mann an der Sperre duzte die Mutter: »Ach, Käte, geh schon ohne Bahnsteigkarte durch.« Ein Betrunkener taumelte durch die dunkle Unterführung, grölte und schlug eine volle Weinflasche gegen die feuchte schwarze Wand; Splitter klirrten, und wieder stieg ihr Weingeruch in die Nase. Der Zug war schon eingelaufen, die Mutter schob den Koffer in den Gang. »Tu nie, was sie von dir denken, tu's nie.«

Wie gut es war, den Abschied so knapp zu halten: Nur eine einzige Minute blieb, lang war sie, länger als der ganze Nachmittag. »Du hättest sicher gern das Fernglas mitgenommen. Soll ich's dir schicken?«

»Ja, schick es mir. Ach, Mutter.«

»Was ist denn?«

»Ich kenn' ihn ja kaum.«

»Oh, er ist nett, und er freut sich, dich dort zu haben – und er hat nie an die Götter geglaubt, an die ich glaubte.«

»Und er trinkt keinen Wein?«

»Er mag ihn nicht – und er hat Geld, handelt mit so Sachen.«

»Mit welchen Sachen?«

»Ich weiß nicht genau: Kleider wahrscheinlich oder so was. Es wird dir gefallen.«

Kein Kuß. Denkmäler darf man nicht küssen, auch wenn sie weinen. Ohne sich umzuwenden, verschwand die Mutter in der Unterführung: eine Salzsäule des Unglücks, konserviert in der Bitterkeit ihrer Irrtümer; am Abend würde sie die Gebetsmühle in Gang setzen, einen Monolog halten, wenn Dulges in der Küche saß: »Sind Tränen nicht eigentlich ein Überrest bürgerlicher Empfindungen? Kann es in der klassenlosen Gesellschaft Tränen geben?«

An der Schule vorbei, am Schwimmbad, unter der kleinen Brücke durch, die lange, lange Mauer der Weinberge, Wald – und an der Schranke, die am Wasserturm den Weg absperrte, sah sie die beiden Jungen, hörte den Knall, sah die schwarze Pistole in Pauls Hand und schrie: »Jerusalem, Jerusalem!« und sie schrie es noch einmal, obwohl sie die Jungen nicht mehr sehen konnte. Sie wischte die Tränen mit dem Ärmel ab, nahm den Koffer und taumelte in den Gang hinein. Ich werde den Mantel nicht ausziehen, dachte sie, noch nicht.

»Was hat sie denn gerufen?« fragte Griff.

»Hast du es nicht verstanden?«

»Nein, du? Was war es?«

»Jerusalem«, sagte Paul leise. »Jerusalem, sie hat es noch gerufen, als der Zug schon vorbei war. Komm.« Er blickte enttäuscht auf die Pistole, die er gesenkt hielt, den Daumen am Sicherungsflügel. Er hatte geglaubt, sie würde lauter knallen und würde rauchen: Er hatte damit gerechnet, daß sie rauchen würde: Mit rauchender Pistole in der Hand hatte er am Zug stehen wollen, aber die Pistole rauchte nicht, sie war nicht einmal heiß, er schob vorsichtig den Zeigefinger über den Lauf, zog ihn zurück. »Komm«, sagte er, Jerusalem, dachte er, ich habe es verstanden, aber ich weiß nicht, was es bedeutet.

Sie gingen vom Weg ab, parallel zur Bahnlinie, Griff mit dem Marmeladenglas unter dem Arm, das er von zu Hause mitgenommen hatte, Paul mit der gesenkten Pistole in der Hand; im grünen Licht wandten sie ihre Gesichter einander zu.

»Willst du es wirklich tun?«

»Nein«, sagte Paul, »nein, man soll…« Er wurde rot, wandte sich ab. »Hast du die Bälle auf den Baumstamm gelegt?«

»Ja«, sagte Griff, »sie rollten immer herunter, aber dann habe ich eine Rille in der Rinde gefunden.«

»Wieviel Abstand?«

»Eine Handbreit, wie du gesagt hast – du«, sagte er leiser, blieb stehen, »ich kann nicht nach Hause zurück, ich kann nicht. In dieses Zimmer. Du begreifst doch, daß ich in dieses Zimmer nicht zurückgehen kann.« Er nahm das Marmeladenglas in die andere Hand, hielt Paul, der weitergehen wollte, am Rockärmel fest. »Das kann ich doch nicht.«

»Nein«, sagte Paul, »in dieses Zimmer würde ich auch nicht zurückgehen.«

»Meine Mutter würde mich zwingen, es sauber zu machen. Du, ich kann doch nicht – auf dem Boden herumrutschen, die Wände, die Bücher, alles sauber machen. Sie würde daneben stehen.«

»Nein, das kannst du nicht. Komm!«

»Was soll ich tun?«

»Warte, erst schießen wir, komm...« Sie gingen weiter, wandten manchmal ihre grünen Gesichter einander zu, Griff ängstlich, Paul lächelnd.

»Du mußt mich erschießen«, sagte Griff, »du, du mußt es tun.«

»Du bist verrückt«, sagte Paul, er biß sich auf die Lippen, hob die Pistole, legte auf Griff an, der duckte sich, wimmerte leise, und Paul sagte: »Siehst du, du würdest schreien, dabei ist sie gesichert.«

Er nahm die linke Hand vor die Augen, als sie in die Lichtung kamen, blinzelte zu den Tennisbällen hin, die auf einem gefällten Baum aufgereiht lagen: Drei waren noch makellos, weiß und haarig, wie das Fell des Lammes, die anderen schmutzig von der feuchten Walderde.

»Geh hin«, sagte Paul, »stell das Glas zwischen den dritten und den vierten Ball.« Griff taumelte durch die Lichtung, stellte das Glas hinter die Bälle, so daß es schräg stand und nach hinten wegzukippen drohte.

»Der Abstand ist zu klein, es geht nicht dazwischen.«

»Weg«, sagte Paul, »ich schieße, komm an meine Seite.«

Er wartete, bis Griff neben ihm im Schatten stand, hob die Pistole, zielte, drückte ab, und erschreckt vom Echo des ersten Schusses knallte er wild drauflos, das ganze Magazin leer – hell kam das Echo der beiden letzten Schüsse aus dem Wald zurück, als er längst schon nicht mehr schoß. Die Bälle lagen noch da, nicht einmal das Marmeladenglas war getroffen. Es war ganz still, roch nur ein wenig nach Pulver – der Junge stand noch da, mit der erhobenen Pistole in der Hand, er stand da, als würde er ewig dort stehen bleiben. Er war blaß, die Enttäuschung füllte seine Adern mit Kälte, und in seinen Ohren knallte das helle Echo, das gar nicht mehr da war: Helles, trokkenes Gebell tönte aus der Erinnerung in ihn zurück. Er schloß die Augen, öffnete sie wieder: Die Bälle lagen noch da, und nicht einmal das Marmeladenglas war getroffen.

Er zog seinen Arm wie aus sehr weiter Ferne zu sich heran, tastete über den Lauf: Der war wenigstens ein bißchen heiß. Paul riß mit dem Daumennagel das Magazin heraus, schob ein neues ein und legte den Sicherungsflügel herum.

»Komm her«, sagte er leise, »du bist an der Reihe.«

Er gab Griff die Pistole in die Hand, zeigte ihm, wie er sie entsichern mußte, trat zurück und dachte, während er im Schatten an seiner Enttäuschung schluckte: Hoffentlich triffst du wenigstens, hoffentlich triffst du. Griff warf den Arm mit der Pistole hoch, senkte ihn dann langsam ins Ziel – das hat er gelesen, dachte Paul, irgendwo gelesen, es sieht aus, als wenn er es gelesen hätte – und Griff schoß stotternd: Einmal – dann wurde es still; da lagen die Bälle, und das Glas stand noch da; dann dreimal – dreimal auch kläffte das Echo auf die beiden Jungen zurück. Friedlich wie ein seltsames Stilleben lag der dunkle Baumstamm da, mit seinen sechs Tennisbällen und dem Glas voll Pflaumenmus.

Nur Echo kam, es roch ein wenig nach Pulver, und Griff reichte Paul kopfschüttelnd die Pistole zurück.

»Einen Schuß hab' ich noch gut«, sagte Paul, »den ich eben in die Luft schoß – dann bleiben für jeden noch zwei, und einer bleibt übrig.«

Diesmal zielte er lange, aber er wußte, daß er nicht treffen würde, und er traf auch nicht: Dünn und einsam kam das Echo seines Schusses auf ihn zurück, das Echo drang wie ein roter Punkt in ihn ein, kreiste in ihm, flog wieder aus ihm heraus, und er war ruhig, als er Griff die Pistole gab.

Griff schüttelte den Kopf. »Die Ziele sind zu klein, wir müssen größere wählen, vielleicht die Bahnhofsuhr oder die Reklame für Waffenbier?«

»Wo ist eine?«

»An der Ecke, dem Bahnhof gegenüber, wo Drönsch wohnt.«

»Oder eine Fensterscheibe, oder den Samowar bei uns zu Hause. Wir *müssen* etwas treffen. Hast du denn wirklich mit deiner Pistole bei acht Schuß siebenmal getroffen? Eine Konservendose auf dreißig Meter?«

»Nein«, sagte Griff, »ich habe gar nicht geschossen, noch nie vorher.« Er ging auf den Baumstamm zu, trat mit dem rechten Fuß nach den Bällen, dem Marmeladenglas, die Bälle rollten ins Gras, das Glas rutschte ab und kippte auf den weichen Waldboden, der im Schatten des Baumstamms ohne Gras geblieben war. Griff packte das Glas, wollte es gegen den Baum werfen, aber Paul hielt seinen Arm zurück, nahm ihm das Glas aus der Hand und stellte es auf den Boden. »Bitte, laß es«, sagte er, »laß es – ich kann es nicht sehen. Laß es stehen, soll Gras drüber wachsen, viel Gras...«

Und er dachte sich aus, wie das Gras wuchs, bis das Einmachglas überdeckt war; Tiere schnupperten daran, Pilze wuchsen in dichter Kolonie, und er ging nach Jahren im Wald spazieren und fand es: die Pistole verrostet, das Mus zu einem modrigen, schwammartigen Schaum verwest. Er nahm das Glas, legte es in eine Höhlung am Rande der Lichtung und warf mit den Füßen lockere Erde darüber. »Laß es«, sagte er leise, »laß auch die Bälle – nichts haben wir getroffen.«

»Gelogen«, sagte Griff, »alles gelogen.«

»Ja, alles«, sagte Paul, aber während er die Pistole sicherte und in die Tasche steckte, flüsterte er: »Jerusalem, Jerusalem.«

»Woher wußtest du, daß sie wegfährt?«

»Ich habe ihre Mutter getroffen, als ich auf dem Wege zu dir war.«

»Aber sie kommt zurück?«

»Nein, sie kommt nicht zurück.«

Griff ging noch einmal in die Lichtung, trat nach den

Bällen, zwei rollten weiß und lautlos in den schattigen Wald. »Komm her«, sagte er, »sieh dir das an, wir haben viel zu hoch gehalten.«

Paul ging langsam hinüber, sah den zerfetzten Brombeerstrauch, Einschüsse an einer Tanne, frisches Harz, einen geknickten Ast.

»Komm«, sagte er, »wir schießen auf die Waffenbierreklame, die ist so groß wie ein Wagenrad.«

»Ich geh' nicht in die Stadt zurück«, sagte Griff, »nie mehr, ich werde nach Lübeck fahren, ich habe die Fahrkarte schon in der Tasche. Ich komme nicht wieder.«

Sie gingen langsam den Weg, den sie gekommen waren, zurück, an der Schranke vorbei, an der langen Weinbergmauer, vorbei an der Schule. Längst waren die parkenden Autos weg, aus der Stadt herauf klang Musik. Sie kletterten auf die beiden Pfeiler des Friedhofseingangs, saßen drei Meter voneinander entfernt auf gleicher Höhe und rauchten.

»Siegerehrung«, sagte Griff, »Ball. Weinlaub um die Stirn. Dort unten kannst du die Waffenbierreklame an Drönschs Haus sehen.«

»Ich werde sie treffen«, sagte Paul, »du kommst nicht mit?«

»Nein, ich bleibe hier, ich werde hier sitzen und warten, bis du sie heruntergeschossen hast. Dann geh' ich langsam nach Dreschenbrunn, steig' dort in den Zug und fahr' nach Lübeck. Ich werde baden, lange im salzigen Wasser baden, und ich hoffe, es wird Sturm sein, hohe Wellen und viel salziges Wasser.«

Sie rauchten schweigend, blickten sich manchmal an, lächelten, lauschten in die Stadt hinunter, aus der der Lärm immer heftiger aufstieg.

»Haben die Hufe wirklich gedonnert?« fragte Griff.

»Nein«, sagte Paul, »nein, es war nur ein Pferd, und seine Hufe klapperten nur – und die Lachse?«

»Ich habe nie einen gesehen.« Sie lächelten sich zu und schwiegen eine Zeitlang.

»Jetzt steht mein Vater vor dem Schrank«, sagte Paul dann, »mit hochgekrempelten Ärmeln, meine Mutter breitet das Wachstuch aus; jetzt schließt er die Schublade auf; vielleicht sieht er den Kratzer, den ich gemacht habe, als mir der Schraubenzieher ausrutschte; aber er sieht es nicht, es ist jetzt dunkel in der Ecke dort; er öffnet die Schublade, stutzt, denn die Scheckbücher und Kontoauszüge liegen nicht so, wie er sie eingeordnet hat – er wird unruhig, schreit meine Mutter an, wirft den ganzen Krempel auf die Erde, wühlt in der Schublade herum – jetzt, gerade jetzt – genau jetzt.« Er blickte auf die Kirchturmuhr, deren großer Zeiger gerade auf die Zehn rutschte, während der kleine ruhig vor der Acht stand. »Früher«, sagte Paul, »ist er Divisionsmeister im Pistolenreinigen gewesen; in drei Minuten eine Pistole auseinandergenommen, gereinigt, wieder zusammengesetzt – und zu Hause mußte ich immer neben ihm stehen und die Zeit stoppen: Nie brauchte er mehr als drei Minuten.«

Er warf den Zigarettenstummel auf den Weg, starrte auf die Kirchturmuhr. »Punkt zehn vor acht war er immer mit allem fertig, dann wusch er sich die Hände und war immer noch Punkt acht am Stammtisch.« Paul sprang von dem Pfeiler herunter, reichte Griff die Hand hinauf und sagte: »Wann werde ich dich wiedersehen?«

»Lange nicht«, sagte Griff, »aber zurück komm' ich mal. Ich werde bei meinem Onkel arbeiten, Fische einmachen, aufschlitzen – die Mädchen lachen immer, und abends gehen sie ins Kino, vielleicht – sie kichern nicht, bestimmt nicht. Sie haben so weiße Arme und sind so hübsch. Sie steckten mir Schokolade in den Mund, als ich noch klein war, aber so klein bin ich ja nicht mehr. Ich kann nicht –«, sagte er leiser, »du verstehst, daß ich in dieses Zimmer nicht zurückgehen kann. Sie würde neben mir stehen, bis es ganz sauber ist. Hast du Geld?«

»Ja, ich habe mein ganzes Feriengeld schon. Willst du was?«

»Ja, gib mir was, ich schick's dir zurück, später.«

Paul öffnete sein Portemonnaie, zählte die Münzen, öffnete die Tasche für die Scheine. »Mein ganzes Geld für Zalligkofen, ich kann dir achtzehn Mark geben. Willst du sie?«

»Ja«, sagte Griff; er nahm den Schein, die Münzen, schob alles zusammen in die Hosentasche. »Ich warte hier«, sagte er, »bis ich höre und sehe, daß du die Waffenbierreklame herunterknallst; schieß schnell und das ganze Magazin leer. Wenn ich es höre, wenn ich es sehe, gehe ich langsam nach Dreschenbrunn und steige in den nächsten Zug. Aber sag niemand, daß du weißt, wo ich bin.«

»Nein«, sagte Paul; er lief, stieß im Laufen Steine beiseite, schrie laut, um das wilde Echo seiner Stimme zu hören, als er durch die Unterführung rannte; er ging erst langsamer, als er an der Bahnhofsmauer entlang auf die Kneipe in Drönschs Haus zukam; er ging immer langsamer, wandte sich um, aber er konnte den Friedhofseingang noch nicht sehen, nur das große schwarze Kreuz in der Mitte des Friedhofs und die weißen Grabsteine oberhalb des Kreuzes; je näher er auf den Bahnhof zukam, um so mehr Gräberreihen sah er unterhalb des Kreuzes: zwei Reihen, drei, fünf, dann den Eingang, und Griff saß noch da. Paul ging quer über den Bahnhofsvorplatz, langsam; sein Herz schlug heftig, aber er wußte, daß es keine Angst war, eher Freude, und am liebsten hätte er das ganze Magazin in die Luft hineingeschossen und »Jerusalem« geschrien; es tat ihm fast leid um die große, runde Waffenbierreklame, auf der zwei gekreuzte Säbel einen Bierkrug, der schäumend überlief, zu schützen schienen.

Ich muß treffen, dachte er, bevor er die Pistole aus der Tasche nahm, ich muß. Er ging an den Häusern vorbei, trat rückwärts in den Eingang zu einer Metzgerei und hätte fast einer Frau, die den fliesenbelegten Gang aufwusch, auf die Hände getreten. »Du Lümmel«, sagte sie aus dem Halbdunkel heraus, »mach, daß du wegkommst.«

»Entschuldigen Sie«, sagte er und stellte sich außen neben den Eingang. Die Seifenlauge lief zwischen seinen

Füßen über den Asphalt in die Gosse. Von hier ist es am besten, dachte er, sie hängt genau vor mir, rund wie ein großer Mond, und ich muß sie treffen. Er nahm die Pistole aus der Tasche, entsicherte sie und lächelte, bevor er sie hochhob und anlegte: Er fühlte nicht mehr, daß etwas zerstört werden mußte, und doch mußte er schießen: Es gab Dinge, die man tun mußte, und wenn er nicht schoß, würde Griff nicht nach Lübeck fahren, nicht die weißen Arme der hübschen Mädchen sehen und nie mit einer von ihnen ins Kino gehen. Er dachte: Mein Gott, hoffentlich bin ich nicht zu weit davon entfernt – ich *muß* treffen, ich *muß*; aber er hatte schon getroffen, das Klirren des fallenden Glases war fast lauter als das Geräusch der Schüsse. Erst brach ein rundes Stück aus der Reklame heraus: der Bierkrug, dann fielen die Säbel, er sah, wie der Putz aus der Hauswand in kleinen Staubwolken heraussprang, sah den Eisenkranz, der die Lichtreklame gehalten hatte, Glasreste hingen noch wie Fransen am Rand.

Am deutlichsten hörte er die Schreie der Frau, die aus dem Flur gestürzt war, dann zurücklief und drinnen im Dunkel weiter schrie – auch Männer schrien, aus dem Bahnhof kamen Leute, wenige; viele stürzten aus der Kneipe. Ein Fenster wurde geöffnet, und oben erschien für einen Augenblick Drönschs Gesicht. Aber niemand kam ihm nahe, weil er die Pistole noch in der Hand hielt. Er blickte nach oben zum Friedhof hin: Griff war nicht mehr zu sehen.

Unendlich viel Zeit verging, ehe jemand kam und ihm die Pistole aus der Hand nahm. Er konnte noch an vieles denken: Jetzt, dachte er, brüllt Vater schon seit zehn Minuten im Haus herum, schiebt Mutter die Schuld zu, Mutter, die längst erfahren hat, daß ich zu Katharina hinaufgeklettert bin; alle wissen es, und niemand wird verstehen, daß ich es tat und daß ich dies tat: auf die Lichtreklame schießen. Vielleicht wäre es besser gewesen, ich hätte in Drönschs Fenster geschossen. Und er dachte: Vielleicht sollte ich beichten gehen, aber sie werden mich nicht lassen; und es war acht, und nach acht konnte man nicht mehr beichten. Das Lamm hat mein Blut nicht getrunken, dachte er, o Lamm.

Nur ein paar Scherben hat es gegeben, und ich habe Katharinas Brust gesehen. Sie wird wiederkommen. Und nun hat Vater wirklich einmal Grund, die Pistole zu reinigen.

Er konnte sogar noch an Griff denken, der nun auf dem Weg nach Dreschenbrunn war, über die Höhen, an den Weinbergen vorbei, und er dachte noch an die Tennisbälle und das Marmeladenglas, von dem er die Vorstellung hatte, daß es längst überwuchert war.

Sehr viele Leute standen um ihn herum in weitem Abstand. Drönsch lag jetzt oben im Fenster, mit aufgestützten Armen, die Pfeife im Mund. Nie will ich so aussehen, dachte er, nie. Drönsch sprach immer von Tirpitz. »Tirpitz ist Unrecht geschehen. Die Geschichtswissenschaft wird Tirpitz noch einmal Gerechtigkeit widerfahren lassen. Objektive Forscher sind am Werke, um die Wahrheit über Tirpitz herauszufinden.« – Tirpitz? Ach ja.

Von hinten, dachte er, das hätte ich mir denken können, daß sie von hinten kommen. Kurz bevor der Polizist ihn packte, roch er dessen Uniform: Ihr erster Geruch war Reinigungsbenzin, ihr zweiter Ofenqualm, ihr dritter...

»Wo wohnst du, du Lümmel?« fragte der Polizist.

»Wo ich wohne?« Er blickte den Polizisten an. Er kannte ihn, und der Polizist mußte ihn kennen: Er brachte doch immer die Verlängerung für Vaters Waffenschein, freundlich war er, lehnte die Zigarre dreimal ab, bevor er sie annahm. Auch jetzt war er nicht unfreundlich, und sein Griff war nicht fest.

»Ja, wo du wohnst.«

»Ich wohne im Tal der donnernden Hufe«, sagte Paul.

»Das ist nicht wahr«, rief die Frau, die den Flur geputzt hatte, »ich kenne ihn doch, er ist der Sohn...«

»Ja, ja«, sagte der Polizist, »ich weiß. Komm«, sagte er, »ich bring' dich nach Hause.«

»Ich wohne in Jerusalem«, sagte Paul.

»Hör jetzt auf damit«, sagte der Polizist, »und komm.«

»Ja«, sagte Paul, »ich werde damit aufhören.«

Die Leute schwiegen, als er vor dem Polizisten her die dunkle Straße hinunterging. Er sah aus wie ein Blinder: die Augen auf einen bestimmten Punkt gerichtet, und doch schien er an allem vorbeizusehen; nur eins sah er: die zusammengefaltete Abendzeitung des Polizisten. Und er konnte in der ersten Zeile lesen: »Chruschtschew« und in der zweiten: »offenes Grab.«

»Mein Gott«, sagte er zu dem Polizisten, »Sie wissen doch genau, wo ich wohne.«

»Natürlich weiß ich's«, sagte der Polizist, »komm!«

Der Wegwerfer

Seit einigen Wochen versuche ich, nicht mit Leuten in Kontakt zu kommen, die mich nach meinem Beruf fragen könnten; wenn ich die Tätigkeit, die ich ausübe, wirklich benennen müßte, wäre ich gezwungen, eine Vokabel auszusprechen, die den Zeitgenossen erschrecken würde. So ziehe ich den abstrakten Weg vor, meine Bekenntnisse zu Papier zu bringen.

Vor einigen Wochen noch wäre ich jederzeit zu einem mündlichen Bekenntnis bereit gewesen; ich drängte mich fast dazu, nannte mich Erfinder, Privatgelehrter, im Notfall Student, im Pathos der beginnenden Trunkenheit: verkanntes Genie. Ich sonnte mich in dem fröhlichen Ruhm, den ein zerschlissener Kragen ausstrahlen kann, nahm mit prahlerischer Selbstverständlichkeit den zögernd gewährten Kredit mißtrauischer Händler in Anspruch, die Margarine, Kaffee-Ersatz und schlechten Tabak in meinen Manteltaschen verschwinden sahen; ich badete mich im Air der Ungepflegtheit und trank zum Frühstück, trank mittags und abends den Honigseim der Bohème: das tiefe Glücksgefühl, mit der Gesellschaft nicht konform zu sein.

Doch seit einigen Wochen besteige ich jeden Morgen gegen 7.30 Uhr die Straßenbahn an der Ecke Roonstraße, halte bescheiden wie alle anderen dem Schaffner meine Wochenkarte hin, bin mit einem grauen Zweireiher, einem grünen Hemd, grünlich getönter Krawatte bekleidet, habe mein Frühstücksbrot in einer flachen Aluminiumdose, die Morgenzeitung, zu einer leichten Keule zusammengerollt, in der Hand. Ich biete den Anblick eines Bürgers, dem es gelungen ist, der Nachdenklichkeit zu entrinnen. Nach der dritten Haltestelle stehe ich auf, um meinen Sitzplatz einer der älteren Arbeiterinnen anzubieten, die an der Behelfsheimsiedlung zusteigen. Wenn ich meinen Sitzplatz sozialem Mitgefühl geopfert habe, lese ich stehend weiter in der Zeitung, erhebe hin und wieder schlichtend meine Stimme, wenn der morgendliche Ärger die Zeitgenossen ungerecht macht; ich korrigiere die gröbsten politischen und geschichtlichen Irrtümer (etwa indem ich die Mitfahrenden darüber aufkläre, daß zwischen SA und USA ein gewisser Unterschied bestehe); sobald jemand eine Zigarette in den Mund steckt, halte ich ihm diskret mein Feuerzeug unter die Nase und entzünde ihm mit der winzigen, doch zuverlässigen Flamme die Morgenzigarette. So vollende ich das Bild eines gepflegten Mitbürgers, der noch jung genug ist, daß man die Bezeichnung »wohlerzogen« auf ihn anwenden kann.

Offenbar ist es mir gelungen, mit Erfolg jene Maske aufzusetzen, die Fragen nach meiner Tätigkeit ausschließt. Ich gelte wohl als ein gebildeter Herr, der Handel mit Dingen treibt, die wohlverpackt und wohlriechend sind: Kaffee, Tee, Gewürze, oder mit kostbaren kleinen Gegenständen, die dem Auge angenehm sind: Juwelen, Uhren; der seinen Beruf in einem angenehm altmodischen Kontor ausübt, wo dunkle Ölgemälde handeltreibender Vorfahren an der Wand hängen; der gegen zehn mit seiner Gattin telefoniert, seiner scheinbar leidenschaftslosen Stimme eine Färbung von Zärtlichkeit zu geben vermag, aus der Liebe und Sorge herauszuhören sind. Da ich auch an den üblichen Scherzen teilnehme, mein Lachen nicht verweigere, wenn der städtische Verwaltungsbeamte jeden Morgen an der Schlieffenstraße in die Bahn brüllt: »Macht mir den linken Flügel stark!« (war es nicht eigentlich der rechte?), da ich weder mit meinem Kommentar zu den Tagesereignissen noch zu den Totoergebnissen zurückhalte, gelte ich wohl als jemand, der, wie die Qualität des Anzugstoffes beweist, zwar wohlhabend ist, dessen Lebensgefühl aber tief in den Grundsätzen der Demokratie wurzelt. Das Air der Rechtschaffenheit umgibt mich, wie der gläserne Sarg Schneewittchen umgab.

Wenn ein überholender Lastwagen dem Fenster der Straßenbahn für einen Augenblick Hintergrund gibt, kontrolliere ich den Ausdruck meines Gesichts: Ist es nicht doch zu nachdenklich, fast schmerzlich? Beflissen korrigiere ich den Rest von Grübelei weg und versuche, meinem Gesicht den Ausdruck zu geben, den es haben soll: weder zurückhaltend noch vertraulich, weder oberflächlich noch tief.

Mir scheint, meine Tarnung ist gelungen, denn wenn ich am Marienplatz aussteige, mich im Gewirr der Altstadt verliere, wo es angenehm altmodische Kontore, Notariatsbüros und diskrete Kanzleien genug gibt, ahnt niemand, daß ich durch einen Hintereingang das Gebäude der »Ubia« betrete, die sich rühmen kann, dreihundertfünfzig Menschen Brot zu geben und das Leben von vierhunderttausend versichert zu haben. Der Pförtner empfängt mich am Lieferanteneingang, lächelt mir zu, ich schreite an ihm vorüber, steige in den Keller hinunter und nehme meine Tätigkeit auf, die beendet sein muß, wenn die Angestellten um 8.30 Uhr in die Büroräume strömen. Die Tätigkeit, die ich im Keller dieser honorigen Firma morgens zwischen 8.00 und 8.30 Uhr ausübe, dient ausschließlich der Vernichtung. Ich werfe weg.

Jahre habe ich damit verbracht, meinen Beruf zu erfinden, ihn kalkulatorisch plausibel zu machen; ich habe Abhandlungen geschrieben; graphische Darstellungen bedeckten – und bedecken noch – die Wände meiner Wohnung. Ich bin Abszissen entlang-, Ordinaten hinaufgeklettert, jahrelang. Ich schwelgte in Theorien und genoß den eisigen Rausch, den Formeln auslösen können. Doch seitdem ich meinen Beruf praktiziere, meine Theorien verwirklicht sehe, erfüllt mich jene Trauer, wie sie einen General erfüllen mag, der aus den Höhen der Strategie in die Niederungen der Taktik hinabsteigen mußte.

Ich betrete meinen Arbeitsraum, wechsele meinen Rock mit einem grauen Arbeitskittel und gehe unverzüglich an die Arbeit. Ich öffne die Säcke, die der Pförtner in den frühen Morgenstunden von der Hauptpost geholt hat, entleere sie in die beiden Holztröge, die, nach meinen Entwürfen angefertigt, rechts und links oberhalb meines Arbeitstisches an der Wand hängen. So brauche ich nur, fast wie ein Schwimmer, meine Hände auszustrecken und beginne, eilig die Post zu sortieren. Ich trenne zunächst die Drucksachen von den Briefen, eine reine Routinearbeit, da der Blick auf die Frankierung genügt. Die Kenntnis des Posttarifs erspart mir bei dieser Arbeit differenzierte Überlegungen. Geübt durch jahrelange Experimente, habe ich diese Arbeit innerhalb einer halben Stunde getan, es ist halb neun geworden: Ich höre über meinem Kopf die Schritte der Angestellten, die in die Büroräume strömen. Ich klingele dem Pförtner, der die aussortierten Briefe an die einzelnen Abteilungen bringt. Immer wieder stimmt es mich traurig, den Pförtner in einem Blechkorb von der Größe eines Schulranzens wegtragen zu sehen, was vom Inhalt dreier Postsäcke übrigblieb. Ich könnte triumphieren; denn dies: die Rechtfertigung meiner Wegwerftheorie, ist jahrelang der Gegenstand meiner privaten Studien gewesen; doch merkwürdigerweise triumphiere ich nicht. Recht behalten zu haben ist durchaus nicht immer ein Grund, glücklich zu sein.

Wenn der Pförtner gegangen ist, bleibt noch die Arbeit, den großen Berg von Drucksachen daraufhin zu untersuchen, ob sich nicht doch ein verkappter, falsch frankierter Brief, eine als Drucksache geschickte Rechnung darunter befindet. Fast immer ist diese Arbeit überflüssig, denn die Korrektheit im Postverkehr ist geradezu überwältigend. Hier muß ich gestehen, daß meine Berechnungen nicht stimmten: Ich hatte die Zahl der Portobetrüger überschätzt.

Selten einmal ist eine Postkarte, ein Brief, eine als Drucksache geschickte Rechnung meiner Aufmerksamkeit entgangen; gegen halb zehn klingele ich dem Pförtner, der die restlichen Objekte meines aufmerksamen Forschens an die Abteilungen bringt.

Nun ist der Zeitpunkt gekommen, wo ich einer Stärkung bedarf. Die Frau des Pförtners bringt mir meinen

Kaffee, ich nehme mein Brot aus der flachen Aluminiumdose, frühstücke und plaudere mit der Frau des Pförtners
über ihre Kinder. Ist Alfred inzwischen im Rechnen etwas
besser geworden? Hat Gertrud die Lücken im Recht-
schreiben ausfüllen können? Alfred hat sich im Rechnen
nicht gebessert, während Gertrud die Lücken im Recht-
schreiben ausfüllen konnte. Sind die Tomaten ordentlich
reif geworden, die Kaninchen fett, und ist das Experiment
mit den Melonen geglückt? Die Tomaten sind nicht
ordentlich reif geworden, die Kaninchen aber fett, während das Experiment mit den Melonen noch unentschie-
den steht. Ernste Probleme, ob man Kartoffeln einkellern
soll oder nicht, erzieherische Fragen, ob man seine Kinder
aufklären oder sich von ihnen aufklären lassen soll, unter-
ziehen wir leidenschaftlicher Betrachtung.

Gegen elf verläßt mich die Pförtnersfrau, meistens bittet
sie mich, ihr einige Reiseprospekte zu überlassen; sie sam-
melt sie, und ich lächele über die Leidenschaft, denn ich
habe den Reiseprospekten eine sentimentale Erinnerung
bewahrt; als Kind sammelte auch ich Reiseprospekte, die
ich aus meines Vaters Papierkorb fischte. Früh schon
beunruhigte mich die Tatsache, daß mein Vater Briefschaften, die er gerade vom Postboten entgegengenommen
hatte, ohne sie anzuschauen, in den Papierkorb warf. Dieser Vorgang verletzte den mir angeborenen Hang zur
Ökonomie: Da war etwas entworfen, aufgesetzt,
gedruckt, war in einen Umschlag gesteckt, frankiert worden, hatte die geheimnisvollen Kanäle passiert, durch die
die Post unsere Briefschaften tatsächlich an unsere Adresse
gelangen läßt; es war mit dem Schweiß des Zeichners, des
Schreibers, des Druckers, des frankierenden Lehrlings
befrachtet; es hatte – auf verschiedenen Ebenen und in verschiedenen Tarifen – Geld gekostet; alles dies nur, auf daß
es, ohne auch nur eines Blickes gewürdigt zu werden, in
einem Papierkorb ende?

Ich machte mir als Elfjähriger schon zur Gewohnheit,
das Weggeworfene, sobald mein Vater ins Amt gegangen

war, aus dem Papierkorb zu nehmen, es zu betrachten, zu sortieren, es in einer Truhe, die mir als Spielzeugkiste diente, aufzubewahren. So war ich schon als Zwölfjähriger im Besitz einer stattlichen Sammlung von Rieslingsangeboten, besaß Kataloge für Kunsthonig und Kunstgeschichte, meine Sammlung an Reiseprospekten wuchs sich zu einer geographischen Enzyklopädie aus; Dalmatien war mir so vertraut wie die Fjorde Norwegens, Schottland mir so nahe wie Zakopane, die böhmischen Wälder beruhigten mich, wie die Wogen des Atlantik mich beunruhigten; Scharniere wurden mir angeboten, Eigenheime und Knöpfe, Parteien baten um meine Stimme, Stiftungen um mein Geld; Lotterien versprachen mir Reichtum, Sekten mir Armut. Ich überlasse es der Phantasie des Lesers, sich auszumalen, wie meine Sammlung aussah, als ich siebzehn Jahre alt war und in einem Anfall plötzlicher Lustlosigkeit meine Sammlung einem Altwarenhändler anbot, der mir sieben Mark und sechzig Pfennig dafür zahlte.

Der mittleren Reife inzwischen teilhaftig, trat ich in die Fußstapfen meines Vaters und setzte meinen Fuß auf die erste Stufe jener Leiter, die in den Verwaltungsdienst hinaufführt.

Für die sieben Mark und sechzig Pfennig kaufte ich mir einen Stoß Millimeterpapier, drei Buntstifte, und mein Versuch, in der Verwaltungslaufbahn Fuß zu fassen, wurde ein schmerzlicher Umweg, da ein glücklicher Wegwerfer in mir schlummerte, während ich einen unglücklichen Verwaltungslehrling abgab. Meine ganze Freizeit gehörte umständlichen Rechnereien. Stoppuhr, Bleistift, Rechenschieber, Millimeterpapier blieben die Requisiten meines Wahns; ich rechnete aus, wieviel Zeit es erforderte, eine Drucksache kleinen, mittleren, großen Umfangs, bebildert, unbebildert, zu öffnen, flüchtig zu betrachten, sich von ihrer Nutzlosigkeit zu überzeugen, sie dann in den Papierkorb zu werfen; ein Vorgang, der minimal fünf Sekunden Zeit beansprucht, maximal fünfundzwanzig; übt die Drucksache Reiz aus, in Text und Bildern, können

Minuten, oft Viertelstunden angesetzt werden. Auch für die Herstellung der Drucksachen errechnete ich, indem ich mit Druckereien Scheinverhandlungen führte, die minimalen Herstellungskosten. Unermüdlich prüfte ich die Ergebnisse meiner Studien nach, verbesserte sie (erst nach zwei Jahren etwa fiel mir ein, daß auch die Zeit der Reinigungsfrauen, die Papierkörbe zu leeren haben, in meine Berechnungen einzubeziehen sei); ich wandte die Ergebnisse meiner Forschungen auf Betriebe an, in denen zehn, zwanzig, hundert oder mehr Angestellte beschäftigt sind, und kam zu Ergebnissen, die ein Wirtschaftsexperte ohne Zögern als alarmierend bezeichnet hätte.

Einem Drang zur Loyalität folgend, bot ich meine Erkenntnisse zuerst meiner Behörde an; doch hatte ich auch mit Undank gerechnet, so erschreckte mich doch das Ausmaß des Undanks; ich wurde der Nachlässigkeit im Dienst bezichtigt, des Nihilismus verdächtigt, für geisteskrank erklärt und entlassen; ich gab, zum Kummer meiner guten Eltern, die verheißungsvolle Laufbahn preis, fing neue an, brach auch diese ab, verließ die Wärme des elterlichen Herds und aß – wie ich schon sagte – das Brot des verkannten Genies. Ich genoß die Demütigung des vergeblichen Hausierens mit meiner Erfindung, verbrachte vier Jahre im seligen Zustand der Asozialität, so konsequent, daß meine Lochkarte in der Zentralkartei, nachdem sie mit dem Merkmal für geisteskrank längst gelocht war, das Geheimzeichen für asozial eingestanzt bekam.

Angesichts solcher Umstände wird jeder begreifen, wie erschrocken ich war, als endlich jemandem – dem Direktor der »Ubia« – das Einleuchtende meiner Überlegungen einleuchtete; wie tief traf mich die Demütigung, eine grüngetönte Krawatte zu tragen, doch muß ich weiter in Verkleidung einhergehen, da ich vor Entdeckung zittere. Ängstlich versuche ich, meinem Gesicht, wenn ich den Schlieffen-Witz belache, den richtigen Ausdruck zu geben, denn keine Eitelkeit ist größer als die der Witzbolde, die morgens die Straßenbahn bevölkern. Manchmal auch fürchte ich, daß die Bahn voller Menschen ist, die am Vortag eine Arbeit geleistet haben, die ich am Morgen noch vernichten werde: Drucker, Setzer, Zeichner, Schriftsteller, die sich als Werbetexter betätigen, Graphiker, Einlegerinnen, Packerinnen, Lehrlinge der verschiedensten Branchen: Von acht bis halb neun Uhr morgens vernichte ich doch rücksichtslos die Erzeugnisse ehrbarer Papierfabriken, würdiger Druckereien, graphischer Genies, die Texte begabter Schriftsteller; Lackpapier, Glanzpapier, Kupfertiefdruck, alles bündele ich ohne die geringste Sentimentalität, so, wie es aus dem Postsack kommt, für den Altpapierhändler zu handlichen Paketen zurecht. Ich vernichte innerhalb einer Stunde das Ergebnis von zweihundert Arbeitsstunden, erspare der »Ubia« weitere hundert Stunden, so daß ich insgesamt (hier muß ich in meinen eigenen Jargon verfallen) ein Konzentrat von 1:300 erreiche. Wenn die Pförtnersfrau mit der leeren Kaffeekanne und den Reiseprospekten gegangen ist, mache ich Feierabend. Ich wasche meine Hände, wechsle meinen Kittel mit dem Rock, nehme die Morgenzeitung, verlasse durch den Hintereingang das Gebäude der »Ubia«. Ich schlendere durch die Stadt und denke darüber nach, wie ich der Taktik entfliehen und in die Strategie zurückkehren könnte. Was mich als Formel berauschte, enttäuscht mich, da es sich als so leicht ausführbar erweist. Umgesetzte Strategie kann von Handlangern getan werden. Wahrscheinlich werde ich Wegwerferschulen einrichten. Vielleicht auch werde ich versuchen, Wegwerfer in die Postämter zu setzen, möglicherweise in die Druckereien; man könnte gewaltige Energien, Werte und Intelligenzen nutzen, könnte Porto sparen, vielleicht gar so weit kommen, daß Prospekte zwar noch erdacht, gezeichnet, aufgesetzt, aber nicht mehr gedruckt werden. Alle diese Probleme bedürfen noch des gründlichen Studiums.

Doch die reine Postwegwerferei interessiert mich kaum noch; was daran noch gebessert werden kann, ergibt sich aus der Grundformel. Längst schon bin ich mit Berechnungen beschäftigt, die sich auf das Einwickelpapier und die Verpackung beziehen: Hier ist noch Brachland, nichts ist bisher geschehen, hier gilt es noch, der Menschheit jene nutzlosen Mühen zu ersparen, unter denen sie stöhnt. Täglich werden Milliarden Wegwerfbewegungen gemacht, werden Energien verschwendet, die, könnte man sie nutzen, ausreichen würden, das Antlitz der Erde zu verändern. Wichtig wäre es, in Kaufhäusern zu Experimenten zugelassen zu werden; ob man auf die Verpackung verzichten oder gleich neben dem Packtisch einen geübten Wegwerfer postieren soll, der das eben Eingepackte wieder auspackt und das Einwickelpapier sofort für den Altpapierhändler zurechtbündelt? Das sind Probleme, die erwogen sein wollen. Es fiel mir jedenfalls auf, daß in vielen Geschäften die Kunden flehend darum bitten, den gekauften Gegenstand nicht einzupacken, daß sie aber gezwungen werden, ihn verpacken zu lassen. In den Nervenkliniken häufen sich die Fälle von Patienten, die beim Auspacken einer Flasche Parfüm, einer Dose Pralinen, beim Öffnen einer Zigarettenschachtel einen Anfall bekamen, und ich studiere jetzt eingehend den Fall eines jungen Mannes aus meiner Nachbarschaft, der das bittere Brot des Buchrezensenten aß, zeitweise aber seinen Beruf nicht ausüben konnte, weil es ihm unmöglich war, den geflochtenen Draht zu lösen, mit dem die Päckchen umwickelt waren, und der, selbst wenn ihm diese Kraftanstrengung gelänge, nicht die massive Schicht gummierten Papiers zu durchdringen vermöchte, mit der die Wellpappe zusammengeklebt ist. Der junge Mann macht einen verstörten Eindruck und ist dazu übergegangen, die Bücher ungelesen zu besprechen und die Päckchen, ohne sie auszupacken, in sein Bücherregal zu stellen. Ich überlasse es der Phantasie des Lesers, sich auszumalen, welche Folgen für unser geistiges Leben dieser Fall haben könnte.

Wenn ich zwischen elf und eins durch die Stadt spaziere, nehme ich vielerlei Einzelheiten zur Kenntnis; unauffällig verweile ich in den Kaufhäusern, streiche um die Packtische herum; ich bleibe vor Tabakläden und Apotheken stehen, nehme kleine Statistiken auf; hin und wieder kaufe ich auch etwas, um die Prozedur der Sinnlosigkeit an mir selber vollziehen zu lassen und herauszufinden, wieviel Mühe es braucht, den Gegenstand, den man zu besitzen wünscht, wirklich in die Hand zu bekommen.

So vollende ich zwischen elf und eins in meinem tadellosen Anzug das Bild eines Mannes, der wohlhabend genug ist, sich ein wenig Müßiggang zu leisten; der gegen eins in ein gepflegtes kleines Restaurant geht, sich zerstreut das beste Menü aussucht und auf den Bierdeckel Notizen macht, die sowohl Börsenkurse wie lyrische Versuche sein können; der die Qualität des Fleisches mit Argumenten zu loben oder zu tadeln weiß, die dem gewiegtesten Kellner den Kenner verraten, und bei der Wahl des Nachtisches raffiniert zögert, ob er Käse, Kuchen oder Eis nehmen soll, und seine Notizen mit jenem Schwung abschließt, der beweist, daß es doch Börsenkurse waren, die er notierte. Erschrocken über das Ergebnis meiner Berechnungen verlasse ich das kleine Restaurant. Mein Gesicht wird immer nachdenklicher, während ich auf der Suche nach einem kleinen Café bin, wo ich die Zeit bis drei verbringen und die Abendzeitung lesen kann. Um drei betrete ich wieder durch den Hintereingang das Gebäude der »Ubia«, um die Nachmittagspost zu erledigen, die fast ausschließlich aus Drucksachen besteht. Es erfordert kaum eine Viertelstunde Arbeitszeit, die zehn oder zwölf Briefe herauszusuchen; ich brauche mir danach nicht einmal die Hände zu waschen, ich klopfe sie nur ab, bringe dem Pförtner die Briefe, verlasse das Haus, besteige am Marienplatz die Straßenbahn, froh darüber, daß ich auf der Heimfahrt nicht über den Schlieffen-Witz zu lachen brauche. Wenn die dunkle Plane eines vorüberfahrenden Lastwagens dem Fenster der Straßenbahn Hintergrund gibt, sehe ich mein Gesicht: Es ist entspannt, das bedeutet: nachdenklich, fast grüblerisch, und ich genieße den Vorteil, daß ich kein anderes Gesicht aufzusetzen brauche, denn keiner der morgendlichen Mitfahrer hat um diese Zeit schon Feierabend. An der Roonstraße steige ich aus, kaufe ein paar frische Brötchen, ein Stück Käse oder Wurst, gemahlenen Kaffee und gehe in meine kleine Wohnung hinauf, deren Wände mit graphischen Darstellungen, mit erregten Kurven bedeckt sind, zwischen Abszisse und Ordinate fange ich die Linien eines Fiebers ein, das immer höher steigt: Keine einzige meiner Kurven senkte sich, keine einzige meiner Formeln verschafft mir Beruhigung. Unter der Last meiner ökonomischen Phantasie stöhnend, lege ich, während noch das Kaffeewasser brodelt, meinen Rechenschieber, meine Notizen, Bleistift und Papier zurecht.

Die Einrichtung meiner Wohnung ist karg, sie gleicht eher der eines Laboratoriums. Ich trinke meinen Kaffee im Stehen, esse rasch ein belegtes Brot, längst nicht mehr bin ich der Genießer, der ich mittags noch gewesen bin. Händewaschen, eine Zigarette angezündet, dann setze ich meine Stoppuhr in Gang und packe das Nervenstärkungsmittel aus, das ich am Vormittag beim Bummel durch die Stadt gekauft habe: äußeres Einwickelpapier, Zellophanhülle, Packung, inneres Einwickelpapier, die mit einem Gummiring befestigte Gebrauchsanweisung: siebenunddreißig Sekunden. Mein Nervenverschleiß beim Auspacken ist größer als die Nervenkraft, die das Mittel mir zu spenden vermöchte, doch mag dies subjektive Gründe haben, die ich nicht in meine Berechnungen einbeziehen will. Sicher ist, daß die Verpackung einen größeren Wert darstellt als der Inhalt und daß der Preis für die fünfundzwanzig gelblichen Pillen in keinem Verhältnis zu ihrem Wert steht. Doch sind dies Erwägungen, die ins Moralische gehen könnten, und ich möchte mich grundsätzlich der Moral enthalten. Meine Spekulationsebene ist die reine Ökonomie.

Zahlreiche Objekte warten darauf, von mir ausgepackt zu werden, viele Zettel harren der Auswertung; grüne, rote, blaue Tusche, alles steht bereit. Es wird meistens spät, bis ich ins Bett komme, und wenn ich einschlafe, verfolgen mich meine Formeln, rollen ganze Welten nutzlosen Papiers über mich hin; manche Formeln explodieren wie Dynamit, das Geräusch der Explosion klingt wie ein großes Lachen: Es ist mein eigenes, das Lachen über den Schlieffen-Witz, das meiner Angst vor dem Verwaltungsbeamten entspringt. Vielleicht hat er Zutritt zur Lochkartenkartei, hat meine Karte herausgesucht, festgestellt, daß sie nicht nur das Merkmal für »geisteskrank«, sondern auch das zweite, gefährlichere für »asozial« enthält. Nichts ist ja schwerer zu stopfen als solch ein winziges Loch in einer Lochkarte; möglicherweise ist mein Lachen über den Schlieffen-Witz der Preis für meine Anonymität. Ich würde nicht gern mündlich bekennen, was mir schriftlich leichter fällt: daß ich Wegwerfer bin.

Verzeichnis der Erstveröffentlichungen

Unberechenbare Gäste. Westdeutscher Rundfunk 1954
  (H. B.)
Daniel, der Gerechte. 1954 (H. B.)
Die Suche nach dem Leser. Sonntagsblatt (Hamburg)
  v. 5. 12. 1954
So ward Abend und Morgen. 1954 (H. B.)
Doktor Murkes gesammeltes Schweigen. Frankfurter
  Hefte, Dezember 1955
Monolog eines Kellners. Westdeutscher Rundfunk 1955
  (H. B.)
Es wird etwas geschehen. Aufwärts (Köln) v. 15. 4. 1956
Wie in schlechten Romanen. Deutsche Woche (München),
  Dezember 1956
Eine Kiste für Kop. Funk-Erzählung 1956 (H. B.)
Undines gewaltiger Vater. Frankfurter Allgemeine Zei-
  tung v. 10. 1. 1957
Hauptstädtisches Journal. Aufwärts (Köln) v. 15. 9. 1957
Im Tal der donnernden Hufe. Frankfurt/M. u. Leipzig
  1957
Der Wegwerfer. Frankfurter Allgemeine Zeitung
  v. 24. 12. 1957

Von Heinrich Böll sind im
Deutschen Taschenbuch Verlag erschienen:

Irisches Tagebuch (1)
Zum Tee bei Dr. Borsig (200)
Ansichten eines Clowns (400)
Wanderer, kommst du nach Spa... (437)
Ende einer Dienstfahrt (566)
Der Zug war pünktlich (818)
Wo warst du, Adam? (856)
Gruppenbild mit Dame (959)
Billard um halbzehn (991)
Die verlorene Ehre der Katharina Blum (1150; auch als
    dtv großdruck 25001)
Das Brot der frühen Jahre (1374)
Hausfriedensbruch/Aussatz (1439)
Und sagte kein einziges Wort (1518)
Ein Tag wie sonst (1536)
Haus ohne Hüter (1631)
Du fährst zu oft nach Heidelberg (1725)
Das Heinrich Böll Lesebuch (10031)
Was soll aus dem Jungen bloß werden? (10169)
Das Vermächtnis (10326)
Die Verwundung (10472)
Weil die Stadt so fremd geworden ist ... (10754;
    zusammen mit Heinrich Vormweg)
NiemandsLand (10787; Hrsg. unter Mitarbeit von
    Jürgen Starbatty)
Frauen vor Flußlandschaft (11196)
Eine deutsche Erinnerung (11385)
Rom auf den ersten Blick (11393)
Nicht nur zur Weihnachtszeit (11591; auch als
    dtv großdruck 2575)
Unberechenbare Gäste (11592)
Entfernung von der Truppe (11593)
Heinrich Böll zum Wiederlesen (dtv großdruck 25023)

HEINRICH BÖLL
DER ENGEL SCHWIEG
Roman

Leinen

Dieser frühe, bisher völlig unbekannte Roman Heinrich
Bölls erscheint 1992 – 40 Jahre nach seiner Entstehung. Er
blieb unveröffentlicht, weil sein Thema: die Zeit kurz nach
dem Krieg, Anfang der 50er Jahre nicht mehr opportun war.
Heute zeigt sich, daß in diesem Roman alle wichtigen Motive
der späteren Werke Bölls aufgenommen wurden. Für jeden,
der das Böllsche Werk liebt, ist diese Liebesgeschichte, »die
der Phrasenlosigkeit der heimkehrenden Generation ent-
spricht, die weiß, daß es keine Heimat auf dieser Welt gibt«
(Böll), eine Entdeckung.

»Dieses Buch ist so etwas wie der ›Böllsche Urfaust‹: er besitzt Anmut und poetische Kraft . . . Unser Bild von Böll:
nein, wir müssen es dieses Buches wegen nicht revidieren.
Aber es erfährt eine Ergänzung und läßt sein frühes Werk in
einem neuen Licht erscheinen – *Der Engel schwieg* ist fortan
der Schlüssel zum Romancier Heinrich Böll.«

Jochen Hieber, FAZ

KIEPENHEUER & WITSCH

Heinrich Böll
im dtv

Foto: Isolde Ohlbaum

Heinrich Böll
In eigener
und anderer Sache

Schriften und Reden 1952–1985

Kassettenausgabe

1. Zur Verteidigung
   der Waschküchen
   Schriften und Reden
   1952–1959

2. Briefe aus dem
   Rheinland
   Schriften und Reden
   1960–1963

3. Heimat und keine
   Schriften und Reden
   1964–1968

4. Ende der Bescheiden-
   heit Schriften und
   Reden 1969–1972

5. Man muß immer wei-
   tergehen Schriften
   und Reden 1973–1975

6. Es kann einem bange
   werden Schriften und
   Reden 1976–1977

7. Die »Einfachheit«
   der »kleinen« Leute
   Schriften und Reden
   1978–1981

8. Feindbild und Frieden
   Schriften und Reden
   1982–1983

9. Die Fähigkeit zu
   trauern Schriften und
   Reden 1984–1985

   (Alle Bände sind auch
   einzeln erhältlich)

Kassette mit
9 Bänden, 5962

Siegfried Lenz
im dtv